供电所标准化建设指导手册

国网河南省电力公司营销部　组编

中国电力出版社
CHINA ELECTRIC POWER PRESS

内 容 提 要

本书根据国家电网有限公司全能型供电所建设的要求，结合实际工作中的做法和想法，详细讲解供电所的机构设置和结构、岗位工作标准、常用管理制度、常用工作流程和基础设施配置标准，以期为公司系统深化“全能型”供电所建设提供规范性的制度参考和指南。

本书适合供电所员工以及省、地、市、县各级公司从事供电所管理的人员学习阅读。

图书在版编目（CIP）数据

供电所标准化建设指导手册／国网河南省电力公司营销部组编．—北京：中国电力出版社，2020. 5（2021. 12 重印）

ISBN 978-7-5198-3270-4

Ⅰ．①供…　Ⅱ．①国…　Ⅲ．①电力工业－供电管理－标准化管理－中国－手册　Ⅳ．①F426. 61-62

中国版本图书馆 CIP 数据核字（2019）第 274617 号

出版发行：中国电力出版社
地　　址：北京市东城区北京站西街 19 号（邮政编码 100005）
网　　址：http://www.cepp.sgcc.com.cn
责任编辑：丁　钊（010-63412393）
责任校对：黄　蓓　常燕昆
装帧设计：王红柳
责任印制：杨晓东

印　　刷：三河市万龙印装有限公司
版　　次：2020 年 5 月第一版
印　　次：2021 年 12 月北京第二次印刷
开　　本：710 毫米 ×1000 毫米　16 开本
印　　张：9. 5
字　　数：147 千字
定　　价：45. 00 元

编 委 会

前言

供电所是电网企业管理的最末端、服务的最前沿，是各项决策部署的落脚点，承担着服务国家乡村振兴战略、服务“三农”经济社会发展的重要责任。供电所管理日益受到社会各界和各级领导的高度重视。

2017年以来，国家电网有限公司部署开展“全能型”供电所建设，大力推进营配业务融合，加快改善生产营业条件，不断深化农电员工队伍建设等工作均取得显著成效。2019年1月，提出利用两年时间，聚焦运检和营销两大主营业务，以可靠供电和优质服务为着力点，实现供电所“安全基础牢固、业务执行规范、信息融合贯通、队伍支撑有力、基础设施完备、服务便捷高效”总体目标，为完善和提升“全能型”供电所建设提出了更新、更高的要求。为此，国网河南省电力公司营销部（农电工作部）以强化过程管控和解决实际问题为导向，对供电所组织架构、岗位设置、业务界面和运行模式等做出适应性调整，组织编写了本书。

全书共分机构设置及职责、岗位工作标准、常用管理制度、常用工作流程、基础设施配置标准五个部分，以期为公司系统深化“全能型”供电所建设提供规范性制度的参考和指南。本书中，将负责现场配电营业工作人员称为“台区经理”，将供电所内部机构划分为“综合班”和“配电营业班”（有称“内勤班”和“外勤班”），将台区线损管理责任制称为台区线损“承包”制等，均系管理用语不同，在此予以说明。

本书是结合国家电网有限公司要求和我们在实际工作中的一些做法、想法，参考有关资料做出的一次探索。限于编者水平，一定存在疏漏之处，希望广大同仁和读者朋友提出宝贵意见和建议。

编者

目录

1 供电所基本架构

1.1 供电所（供电服务站）功能区设置

供电所：综合考虑供电所建设规模、人员数量、业务和服务需求等因素，合理设置办公区、综合保障区、员工文化区和公共区四个功能区。其中，办公区主要设置营业厅、专业班组办公室、抢修值班室、24 小时自助缴费区等；综合保障区主要设置备班室、视频会议室、库房及食堂等设施；员工文化区主要设置职工书屋、活动室等；公共区主要设置宣传栏、车库（车位）、充电桩等（见图 1-1）。各单位可结合自身实际，实行差异化选设。每个市、县公司统筹建设一个设施完备、功能齐全的室内外实训场地。

供电服务站：供电服务站不设营业厅、综合班、所长室，其他设施参照供电所功能区设置。

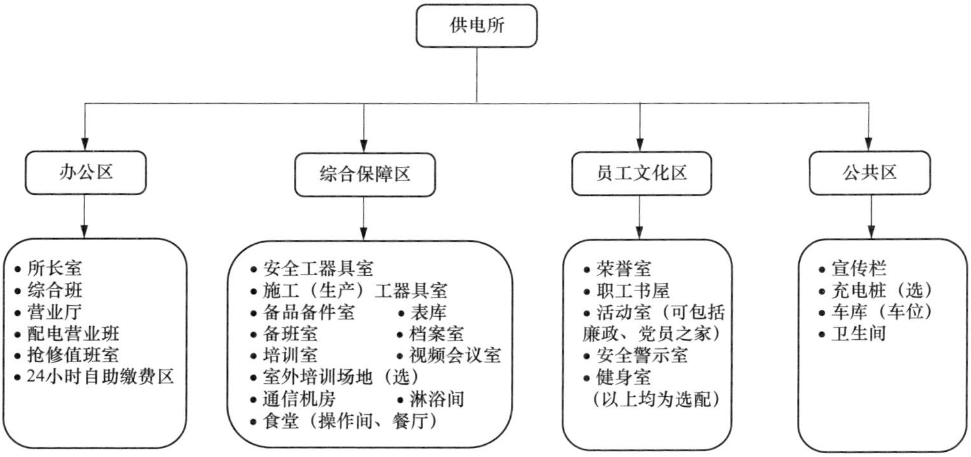

图 1-1 供电所功能区设置

1.2 机 构 设 置

供电所设所长（副所长）和安全质量员、运检技术员、客户服务员三类专职岗位，下设综合班、配电营业班。市、县公司可根据地域条件、供电范围、设备状况、管理基础及人员素质等实际情况，整合撤并供电所，选设供电服务站，供电服务站为分设的配电营业班。

供电所机构岗位典型设置如图 1-2 所示。

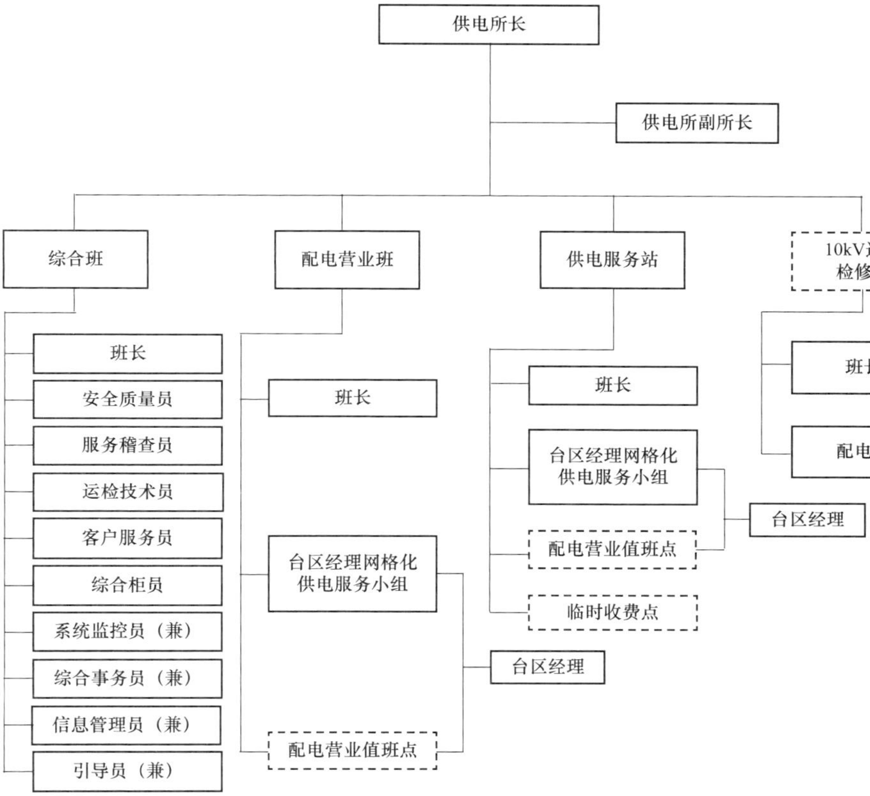

图 1-2　供电所机构岗位典型设置

（1）具备条件的供电所，可选设 10kV 运维检修班，负责 10kV 线路设备的运维检修工作。

（2）供电服务半径超过 20km 或单程超过 1h 的偏远地区，可采取“一班多点”模式，在配电营业班下设配电营业值班点，开展驻点服务。

（3）在季节性抗旱等特殊时段，供电所向供电服务站派驻综合柜员，设置临时收费点，负责缴费充值等业务，特殊时段结束后撤回。

1.3 主 要 职 责

1.3.1 乡镇供电所主要职责

（1）认真贯彻执行国家有关方针政策、法律法规和上级单位下发的标准及通用规章制度。

（2）负责供电所安全生产管理工作。

（3）负责辖区内低压配电网设备（含0.4kV计量设备）抢修（具备条件的单位可负责10kV及以下配电网设备抢修），实行7×24h抢修值班。

（4）负责辖区内电网建设的属地协调和10kV及以上电网运检、抢修的属地协调工作。

（5）负责低压配电网设备现场巡视、运维检修、工程验收、状态评价、缺陷管理等工作（具备条件的单位可负责10kV及以下配电网设备），以及电力设施安防、安保、防汛设备运检和配电线路通道防护工作。

（6）负责供电服务指挥中心派发工单的处理和回复。

（7）组织配合开展营配调贯通及图数治理相关工作。

（8）负责营业窗口服务、业务咨询、营业收费等工作。

（9）负责0.4kV客户营销业务受理与执行，10kV及以上客户业务受理和营销服务管理。

（10）负责0.4kV及以下装表接电、采集运维、费控停复电、计量资产管理。

（11）负责0.4kV客户档案资料管理。

（12）负责承担辖区内10kV及以下线损管理。

（13）负责10kV及以下客户服务、现场补抄、周期核抄、抄表示数异常现场复核、电费催收、欠费风险预控等。

（14）负责辖区配售电市场开拓，为客户提供代维护等增值服务，参与市场竞争。

（15）负责电力需求侧管理示范项目推广、能效管理项目实施、电动汽车充换电设施运维、客户侧分布式电源接入等。

（16）负责与地方政府、客户对接，实施“一口对外”供电服务，配合乡镇党委、政府开展相关涉电工作和客户端供电保障工作。

（17）协助上级做好本辖区内信访稳定工作。

1.3.2 综合班主要职责

（1）负责辖区的安全监督检查管理工作。

（2）负责组织低压配电网设备（含 0.4kV 计量设备）管理工作。

（3）负责营业窗口网点服务、0.4kV 业扩报装全过程办理、业务咨询、营业收费，实行“一口对外”。

（4）负责 10kV 业扩报装受理及服务协调。

（5）负责供电所信息系统监控、营配业务统计分析、现场稽查和异常工单派发、过程督办、结果考核。

（6）负责供电服务指挥中心派发非抢修类工单的处理和回复、异常工单的派发、过程督办、结果考核，以及全业务工单的统计分析、跟踪督办。

（7）负责市场开拓、电力需求侧管理和营销新型业务推广。

（8）负责供电所综合管理、后勤保障、供用电合同等档案管理工作。

1.3.3 配电营业班职责

（1）负责 10kV 以下配电网设备现场巡视、状态评价和缺陷管理等工作。

（2）负责辖区 10kV 以下配电网设备（含 0.4kV 计量设备）抢修，参与供电所（供电服务站）7×24h 抢修值班。

（3）负责 10kV 以下电力设施安防、安保、防汛、设备运检和配电线路通道防护。

（4）负责 0.4kV 及以下客户现场勘察、装表接电、合同签订、电采运维、表计补抄、电费催交、计量装置装拆与轮换、营业普查、用电检查、反窃电和违约用电查处等。

（5）负责落实台区综合业务“承包责任制”，承担辖区内台区所有相关指标。

（6）负责供电服务指挥中心派发抢修类工单的处理和回复。

（7）负责配合客户端供电保障工作，为客户提供代维护等增值服务。

（8）负责辖区内 0.4kV 客户电能替代、“互联网＋”电子服务渠道推广以及分布式电源服务等新型业务开展。

（9）开展营配调贯通及图数治理相关工作。

（10）供电服务站在完全履行配电营业班职责的基础上，做好“四库”的管理和相关资料档案管理工作。

1.3.4 园区供电所主要职责

（1）认真贯彻执行国家有关方针政策、法律法规和上级单位下发的通用标准及规章制度。

（2）负责供电所安全监督工作。

（3）负责辖区10kV及以下配电网设备（含0.4kV计量设备）抢修。

（4）负责10kV及以下配电网设备现场巡视、运维检修、工程验收等工作，以及电力设施安防、安保、防汛设备运检和配电线路通道防护。

（5）负责园区电网建设的属地协调和35kV及以上电网运检、抢修的属地协调工作。

（6）负责供电服务指挥中心派发工单的处理和回复。

（7）组织开展营配调贯通及图数治理相关工作。

（8）负责营业窗口服务、业务咨询、营业收费工作。

（9）负责0.4kV业扩报装全过程办理，负责业务受理、现场勘察、供电方案制订与答复、业务收费、合同签订、装表接电、送电、资料归档。

（10）负责10kV专用变压器客户业扩报装全过程办理，直接负责业务受理、现场勘察、供电方案答复、业务收费、设计文件审查、中间检查、竣工检验、合同签订、装表接电、送电、资料归档，协调供电方案制订。

（11）负责10kV及以下客户档案资料管理。

（12）负责承担辖区内10kV及以下管理线损。

（13）负责10kV及以下装表接电、采集运维、计量资产管理。

（14）负责10kV及以下用电检查服务、反窃电和违约用电查处、客户服务、现场补抄、周期核抄、抄表示数异常现场复核、电费催收、欠费风险预控等。

（15）负责园区内35kV及以上业扩报装项目的服务协调。

（16）负责辖区配售电市场开拓，参与市场竞争，为客户提供代维护等增值服务。

（17）负责电力需求侧管理示范项目推广、能效管理项目实施、电动汽车充换电设施运维、客户侧分布式电源接入等。

（18）负责与园区政府、园区企业对接，实施“一口对外”供电服务，配合客户端供电保障工作。

1.3.5 园区供电所综合班主要职责

（1）负责辖区的安全监督检查工作。

（2）负责营业窗口网点服务、业扩报装受理、业务咨询、业务收费，实行“一口对外”。

（3）负责供用电合同管理。

（4）负责供电所信息系统监控、营配业务统计分析、现场稽查和异常工单派发、过程督办、结果考核。

（5）负责市场开拓、电力需求侧管理和营销新型业务推广。

（6）负责供电服务指挥中心派发非抢修类工单的处理和回复，异常工单的派发、过程督办、结果考核，以及全业务工单的统计分析、跟踪督办。

（7）负责电量、电费异常工单接收、办理并向地市供电公司电费核算班或县级供电公司营业班反馈。

（8）负责10kV（专线）及以上业扩报装项目的服务协调。

（9）负责10kV（专用变压器）业扩报装全过程办理，直接负责现场勘察、供电方案答复、设计文件审查、中间检查、竣工检验、合同签订、送电、资料归档，协调供电方案制订。

（10）负责0.4kV业扩报装全过程办理、业务咨询、营业收费，实行“一口对外”。

（11）负责10kV及以下装表接电、采集运维、计量资产管理。

（12）负责供电所综合管理、档案整理、后勤保障等工作。

1.3.6 园区供电所配电营业班职责

（1）负责上级供电服务指挥中心派发抢修类工单的处理和回复。

（2）负责配合10kV及以下业扩报装业务办理。

（3）负责0.4kV现场勘察、供电方案答复、合同签订、装表接电、采集运维。

（4）负责10kV及以下用电检查服务、反窃电和违约用电查处、客户服务、现场补抄、周期核抄、抄表示数异常现场复核、电费催收、欠费风险预控等。

（5）组织开展营配调贯通及图数治理相关工作。

（6）配合客户端供电保障工作，为客户提供代维护等增值服务。

（7）负责落实台区综合业务“承包责任制”，承担辖区内台区所有相关指标。

（8）负责辖区10kV及以下配电网设备现场巡视、状态评价、信息数据维护、运维检修等工作。

（9）负责辖区10kV及以下电力设施安防、安保、防汛设备运检和配电线路通道防护。

（10）负责辖区10kV及以下配电网设备（含0.4kV计量设备）一体化抢修，7×24h抢修值班。

（11）负责辖区电网建设的属地协调和35kV及以上电网运检、抢修的属地协调工作。

（12）配合10kV新增、改建和扩建工程验收。

2 供电所岗位工作标准

2.1 所长岗位工作标准

2.1.1 职责

（1）认真贯彻执行国家有关方针政策、法律法规和上级单位下发的标准、通用规章制度。

（2）所长是供电所管理第一责任人，落实各项管理制度，带领全所员工采取各项措施，完成安全、经营、服务、廉洁各项目标任务。

（3）负责组织制订供电所工作计划并监督落实。

（4）定期主持召开安全生产、营销服务等指标分析例会。

（5）负责接待和处理客户来访，组织开展走访客户工作。

（6）负责供电所员工绩效考核工作。

（7）负责大型抢修现场的组织、指挥。

（8）配合地方党委、政府开展相关涉电工作。

（9）配合上级做好本辖区内信访稳定工作。

（10）完成上级交办的其他工作。

2.1.2 权限

（1）有权决定供电所日常工作安排、任务分配等。

（2）有权调配实施供电所各项工作的资源。

（3）有权管理、监督和考核供电所各项工作。

（4）有权根据工作任务完成情况调整班长及以下员工工作岗位，有权对不称职的副所长提出工作岗位调整建议。

2.1.3 工作内容

2.1.3.1 综合管理

（1）组织制订并实施本所年、季、月、周工作计划，切实完成上级下达的各项任务和考核指标。

（2）组织召开供电所会议，传达上级精神和相关工作要求，总结、通报各项指标完成情况，根据供电所工作计划，部署落实相关工作。

（3）落实供电所标准化管理。

（4）考评供电所员工月度、年度绩效指标。

2.1.3.2　安全管理

（1）建立健全安全生产责任制，分岗位签订安全责任书（承诺书），制订个人安全目标控制措施。

（2）组织召开安全分析会，开展安全活动、安全培训、安全检查，分析存在问题，落实整改措施。

（3）组织做好供电所的人身、设备、交通、信息等安全管理工作，组织做好消防、治安保卫工作，组织做好客户安全用电宣传工作。

（4）组织落实年度“两措”计划。

（5）完善现场风险管控，建立健全反违章工作机制，开展创建无违章班组活动。

（6）严格执行工作票、操作票制度。

（7）编制并上报应急预案，完善应急管理体系，开展应急演练活动，组织做好应急抢修值班和应急处理工作。

（8）根据《国家电网公司安全事故调查规程》组织（配合）开展安全事件调查。

（9）开展电力设施保护宣传及输电设施属地化巡视工作。

2.1.3.3　营销服务管理

（1）落实供电所营销服务全过程管理。

（2）督促指导客户服务员和其他员工做好业扩报装、电费电价、用电信息采集系统运维、电能计量、供用电合同、营业普查、用电检查、反窃电等工作。

（3）落实台区线损“承包”责任制，负责10kV管理线损，开展线损分析、同期线损治理及整改、考核工作。

（4）定期组织召开供电所营销服务分析会，查找问题，制订措施，落实工作要求。

（5）组织开展营配调贯通及图数治理工作。

（6）推广电能替代项目、电动汽车充换电业务、服务分布式电源等各类新型业务，提高市场竞争力，挖掘潜在客户。

（7）开展线上报装、缴费等“互联网+”营销服务的推广应用工作。

（8）落实供电所优质服务和行风建设工作，规范员工行为，开展供电服务投诉管控工作。

（9）配合上级进行投诉调查、处理工作。

2.1.3.4　设备管理

（1）组织落实辖区内电网设备运维管理，分析电网设备运行存在的三相负荷不平衡、低电压和重过载等问题，准确提报电网建设改造项目储备需求。

（2）落实年度检修、技改、反事故措施。

（3）参与制订重大、复杂工程的技术方案，提出改进建议。

（4）落实相关电网工程管理工作，做好配电网建设改造的属地管理工作。

（5）参与制订 10kV 及以下停电计划。

（6）组织开展电网设备抢修工作。

2.1.3.5　班组建设

（1）落实年度培训计划，开展岗位练兵等活动。

（2）组织开展合理化建议、技术攻关、“五小”（小发明、小创造、小革新、小设计、小建议）、QC 小组等创新活动。

（3）落实所务公开制度。

（4）创建“职工小家”，组织开展文体活动，构建和谐班组。

2.1.3.6　其他工作

（1）协调处理对外沟通和联络事宜。

（2）完成上级交办的其他工作。

2.1.4　形成的报告记录（见表 2-1）

表 2-1　　所长的报告记录

名称	责任人	保存地点	备注
会议记录	所长	所长办公室	手工编制

2.1.5 检查与考核

本标准执行情况由营销部按有关规定检查与考核。

2.2 副所长岗位工作标准

2.2.1 职责

（1）认真贯彻执行国家有关方针政策、法律法规和上级单位下发的标准、通用规章制度。

（2）协助所长完成上级下达的各项目标任务。

（3）协助所长开展综合管理、安全管理、设备管理、营销管理及供电服务等工作。

2.2.2 权限

（1）有权管理、监督和考核分管工作。

（2）有权安排分管工作和任务分配。

（3）有权对分管工作各岗位人员的工作表现和业绩考评提出建议。

（4）有权对分管范围各岗位人员的调动、晋级、奖惩等提出建议。

（5）有权根据上级要求和所长安排组织制订实施相关工作计划。

2.2.3 工作内容

协助所长做好供电所全面工作。

2.2.4 形成的报告记录

副所长结合本所实际工作安排，承担相应的记录、报表等工作。

2.2.5 检查与考核

本标准执行情况由营销部按有关规定检查与考核。

2.3 综合班班长岗位工作标准

2.3.1 职责

（1）认真贯彻执行国家有关方针政策、法律法规和上级单位下发的标准、通用规章制度。

（2）负责综合班全面工作，落实安全生产责任制。

（3）负责营业厅运营管理。

（4）负责供电所信息系统监控、分析、工单的下达，抢修类派工单的下派、登记收集、工单回访、工单抽查等工作，督促、检查、考核配电营业班各项工作。

（5）负责组织做好供电所 7×24h 抢修值班工作。

（6）负责供电所会议相关准备及组织工作。

（7）协助所长、副所长开展综合业务管理与指导，完成相关总结与报表。

（8）组织做好各类资料收集、整理、归档管理工作。

2.3.2 权限

（1）有权决定班组的日常工作安排和人员分工。

（2）有权调配班组工作资源。

（3）有权提出班组人员绩效考核建议。

（4）有权对本所班组建设工作提出建议。

2.3.3 工作内容

（1）组织开展目标与计划管理工作，协同制订供电所年、季、月、周工作计划，切实完成上级下达的各项任务指标。

（2）做好营业厅标准化建设，对每日现金盘点进行复核。

（3）依托监控平台，组织做好各类指标的统计分析、全业务工作质量管控。

（4）做好收集、整理、更新、归档上级下发的各类文件、通知、内部管理制度、技术台账等资料。

（5）组织做好供电所绩效管理平台数据更新、检查、统计、分析、上报工作。

（6）做好环境卫生、文明生产、食堂管理等工作，做好公共设施维修维护和办公、劳保用品的领用、更换等后勤管理工作。

（7）完成上级交办的其他工作。

2.3.4 形成的报告记录（见表 2-2）

表 2-2　　综合班班长的报告记录

序号	名称	责任人	保存地点	备注
1	供电所班组培训记录	综合班班长	综合班	手工编制
2	所容所貌自检表	综合班班长	综合班	手工编制
3	派工单	综合班班长	综合班	手工编制
4	值班记录	综合班班长	综合班	手工编制
5	封印领用记录	综合班班长	综合班	手工编制
6	营业厅客户意见簿	综合班班长	综合班	手工编制
7	工作计划与总结	综合班班长	综合班	手工编制
8	供电所人员花名册	综合班班长	综合班	上级编制，供电所存档

2.3.5 检查与考核

本标准执行情况由供电所按有关规定检查与考核。

2.4 安全质量员岗位工作标准

2.4.1 职责

（1）认真贯彻执行国家有关方针政策、法律法规和上级单位下发的标准、通用规章制度。

（2）开展供电所安全例行工作，履行供电所安全监督管理职责。

（3）负责指导运维、检修、抢修、营销服务中的安全及各项安全类指标管理工作。

（4）负责所内班组开展安全教育、《安规》考试，开展反违章自查自纠工作。

（5）负责电力设施保护和安全用电宣传工作。

（6）负责供电所安全工器具库的日常管理。

（7）负责组织做好供电所各类安全检查和安全活动。

（8）负责协助对班组基础管理工作和安全类信息系统应用的指导、检查和督促。

（9）参与人身、电网、设备安全事件的调查。

2.4.2 工作内容

（1）协助所长做好安全生产工作，定期开展安全活动。

（2）每月开展一次安全分析，做好安全监督分析和总结工作，定期参加上级单位安全例会。

（3）制订季度事故预想方案，组织实施应急预案演练，评估应急演练开展情况。

（4）组织安全法规、规程、文件、通知和事故通报的学习及新来人员、临时用工、员工的安全教育和考试。

（5）每月统计、检查“两票”执行情况，开展月度分析，确保“两票”合格率100%。

（6）根据各级人员安全生产到位标准对本所生产现场进行监督，并认真做好现场安全监督记录。

（7）开展反违章自查自纠工作，检查违章作业、安全措施和防护装置状况，检查设备事故性缺陷和隐患，提出处理意见，监督现场规程制度的执行情况。

（8）对设备事故、障碍情况，按照《国家电网公司安全事故调查规程》，参加事故调查，并监督督促运检技术员将调查处理情况按时上报有关单位；对人身安全事故情况，按照《国家电网公司安全事故调查规程》，参加事故调查，并及时将事故情况按时上报有关单位。对事故的调查分析结论和处理有不同意见时，积极提出或向上级安全监督机构反映，对违反规定、隐瞒事故或阻碍事故调查的行为及时纠正或向上级反映。

（9）做好安全性评价工作，排查安全工作中的薄弱环节，编制反措工作计划；做好安全措施执行情况年度总结、评价；负责本所劳动防护用品、安全工器具、安全防护用品的保管、发放、使用以及维护等工作；协调本所安措项目验收工作，督促问题整改。

（10）每月检查一、二级剩余电流动作保护器运行记录，抽查运行情况，统计安装率、投运率和正确动作率。

（11）做好所内安全工器具的验收保管和报废工作，每月检查本所安全工器具使用和维护情况，按规定组织供电所和客户进行安全工器具的定期试验，定期组织电力安全工器具的使用方法培训。

（12）做好电力客户安全用电生产管理工作。

（13）定期提出各岗位安全职责履行情况的考核意见。

（14）认真做好各类总结、报表、分析报告并及时上报。

（15）完成安全生产信息系统的运行维护和数据统计分析工作。

（16）做好安全隐患排查治理工作，统计分析发生的各类质量事件。

（17）完成上级交办的其他工作。

2.4.3 形成的报告记录（见表2-3）

表2-3　　安全质量员的报告记录

序号	名称	责任人	保存地点	备注
1	安全生产责任书	安全质量员	综合班	手工编制
2	安全活动记录	安全质量员	综合班	手工编制
3	供电所安全管理台账	安全质量员	综合班	手工编制
4	工作票、操作票统计分析和考核记录	安全质量员	综合班	手工编制
5	安全隐患告知书	安全质量员	综合班	手工编制
6	应急预案和处置措施	安全质量员	综合班	手工编制
7	安全、施工工器具台账	安全质量员	综合班	手工编制
8	安全、施工工器具试验和出入库记录	安全质量员	综合班	手工编制

2.4.4 检查与考核

本标准执行情况由供电所按有关规定检查与考核。

2.5 服务稽查员工作标准

2.5.1 职责

负责稽查营销业务和供电服务等工作，跟踪督办，督促整改，实行闭环管理。

2.5.2 工作内容

（1）对上级派发的稽查任务进行分派、跟踪、督办。

（2）开展日常稽查监控。

（3）根据上级要求及管理需要，组织开展专项稽查。

（4）现场稽查营销工作中的典型性、普发性及重大隐患。

（5）现场稽查工作中发现的问题，限时整改与督办。

（6）编制稽查月报，汇总稽查成效，并上报。

2.5.3 检查与考核

本标准执行情况由供电所按有关规定检查与考核。

2.6 运检技术员岗位工作标准

2.6.1 职责

（1）认真贯彻执行国家有关方针政策、法律法规和上级单位下发的通用标准、规章制度。

（2）负责供电所运维、检修、抢修中的技术工作，负责供电服务指挥中心派发抢修类工单的处理和回复。

（3）负责编制运维检修计划和“反措”计划。

（4）负责配电业务统计分析、现场稽查和抢修类工单处理。

（5）负责指导配电营业班开展台区建设规划、特殊巡视、接地电阻测试、故障抢修、设备参数调整等工作。

（6）负责 10kV 及以下技术降损工作。

（7）负责台区设备完好率、D 类电压合格率、营配贯通、抢修工单、三相负荷不平衡率、配电变压器重过载等指标管控，制订提升计划并监督落实。

（8）负责协助对班组基础管理工作和生产类信息系统应用的指导、检查和督促。

（9）负责协助本所开展科技攻关、QC 小组等活动的策划和实施。

（10）负责管理本所管辖范围设备台账、设备试验、图纸资料等，督促技术档案的收集、整理、归类工作。

（11）负责管理本所施工器具、仪器仪表、备品备件的管理工作，定期检查两库出入库记录及时补充定额备件。

（12）协助所长、副所长开展运检技术管理与指导，完成相关总结与报表。

2.6.2 工作内容

（1）按规定及时编报生产工作计划、设备停电检修计划、设备大修和更新改造计划，并负责组织实施。

（2）督促专业组按照巡视周期对本辖区内的供用电设备进行定期巡视检查，不定期组织有关人员进行监察性巡视，及时了解线路及设备运行状况，并检查、指导巡视人员的工作。针对存在的设备缺陷，制订消缺计划，并协助所长组织实施。

（3）组织配电营业班做好供电设备的测量检查，包括配电变压器的接地电阻线路的对地距离、交叉跨越距离的测量，并认真做好记录，做好设备运行状况和预试工作记录。

（4）按照上级下发的设备评级标准每年组织对低压电力设备评级工作，配合上级部门做好高压电力设备的评级工作，发现三类设备要及时组织消缺或上报改造需求。

（5）组织本所生产技术工作的考核管理。

（6）根据设备状况、检修计划和备品备件定额，制订备品备件计划；及时检查备品备件使用情况，提出备品备件调整补充建议。

（7）做好电压质量检测、统计、分析和上报工作；制订无功管理计划，定期组织配电营业班巡视检查无功补偿装置，排除故障，确保功率因数指标符合要求。

（8）做好供电可靠率统计、分析和系统维护，制订供电可靠性指标提升计划并抓好落实。

（9）提出供电区域内的电网结构化、无功补偿装置，改善电压质量及其他降损技能的技术措施。

（10）完成上级交办的其他工作。

2.6.3 形成的报告记录（见表 2-4）

表 2-4 运检技术员的报告记录

序号	名称	责任人	存放地点	备注
1	“五小”及 QC 记录	运检技术员	综合班	手工编制
2	低压配电线路设备台账	运检技术员	综合班	系统自动生成
3	低压接线图	运检技术员	综合班	系统自动生成
4	缺陷登记与处理汇总表	运检技术员	综合班	手工编制
5	配电线路交跨台账	运检技术员	综合班	手工编制
6	设备检修停电计划	运检技术员	综合班	上级编制，供电所存档
7	线路、设备检修停电记录	运检技术员	综合班	系统自动生成
8	备品备件台账及领用记录	运检技术员	综合班	手工编制
9	台区剩余电流动作保护装置台账	运检技术员	综合班	系统自动生成
10	D 类电压合格率台账	运检技术员	综合班	系统自动生成
11	接地电阻测试记录	运检技术员	综合班	手工编制
12	三相不平衡测试及调整记录	运检技术员	综合班	手工编制
13	配电网地理接线图	运检技术员	综合班	系统自动生成
14	配电变压器分接头调整记录	运检技术员	综合班	手工编制

2.6.4 检查与考核

本标准执行情况由供电所按有关规定检查与考核。

2.7 客户服务员岗位工作标准

2.7.1 职责

（1）认真贯彻执行国家有关方针政策、法律法规和上级单位下发的标准、通用规章制度。

（2）负责供电所营销服务中的技术工作，编制营销服务工作计划。

（3）负责供用电合同管理、营销系统监控、营销业务统计分析、营销现场稽查和营销工单处理。

（4）负责市场开拓、电力需求侧管理和营销新型业务推广。

（5）负责供电服务指挥中心派发非抢修类工单的处理和回复。

（6）负责 10kV（专用变压器）及以上业扩报装项目的服务协调。

（7）负责 0.4kV 业扩报装全过程办理，负责现场勘察、供电方案答复、合同签订、装表接电、资料归档。

（8）依托营销业务信息系统指导配电营业班开展用电信息采集系统及电能计量装置运维、电费电价、营业普查、用电检查、降损节能等营销服务工作。

（9）负责 10kV 及以下管理降损工作。

（10）负责“量、价、费、损”、优质服务、客户满意率等指标管理，制订提升计划并监督落实。

（11）负责计量表库管理。

（12）协助所长、副所长开展营销业务管理与指导，完成相关总结与报表。

2.7.2 工作内容

（1）全程监督业扩报装和变更用电工作的政策和有关规定的执行情况，避免业扩和变更用电工作中发生违规事件。

（2）定期组织有关人员检查电价政策及分类电价执行情况，做好售电均价的分析工作。

（3）制订用电检查、营业普查计划，组织监督配电营业班按计划执行。

（4）每月完成电能计量装置的资产出入库管理，并上报需求计划；及时准确上报计量相关报表，安排采集设备调试，按规定开展计量装置巡视检查，加强“三封一锁”管理。

（5）组织签订供用电合同，明确双方的责任、权力、产权分界、计量方式和电费结算方式等。

（6）根据上级下达的线损指标，按分线、分压、分台区的要求把线损指标分解到责任人，每月考核线损责任人的工作完成情况。每月统计分析线损指标完成情况，制订降损措施，督促限期解决。

（7）组织本所营销管理考核工作，及时提报考核意见。

（8）每月协助所长召开经济活动分析会，提供售电量、行业用电结构、售电均价、电费回收、用电信息采集系统运维、线损率等营销指标分析资料，提出问题制订措施，并督促整改落实到位。

（9）根据实际及时统计分析线路及台区的负荷分布和变化情况，提出负荷调整建议。

（10）传达落实上级优质服务相关文件精神和工作要求，协调处理客户投诉、举报等；定期监督检查供电服务规范执行情况，督导员工规范服务言行，做好优质服务宣传；定期开展客户走访、回访工作，收集反馈意见建议。

（11）监督审核营销资料收集归档工作。

（12）完成上级交办的其他工作。

2.7.3 形成的报告记录（见表 2-5）

表 2-5 客户服务员的报告记录

序号	名称	责任人	保存地点	备注
1	自备电源（分布式电源）客户统计台账	客户服务员	综合班	手工编制
2	供电所营业普查工作资料台账	客户服务员	综合班	手工编制
3	电费回收率统计表	客户服务员	综合班	系统自动生成
4	欠费停电记录	客户服务员	综合班	系统自动生成
5	线损管理资料	客户服务员	综合班	手工编制
6	低压计量装置管理台账	客户服务员	综合班	系统自动生成
7	客户档案资料	客户服务员	综合班	

2.7.4 检查与考核

本标准执行情况由供电所按有关规定检查与考核。

2.8 综合柜员岗位工作标准

2.8.1 职责

（1）认真贯彻执行国家有关方针政策、法律法规和上级单位下发的标准、通用规章制度。

（2）负责营业厅承担的业务咨询、受理、查询、缴费等业务，操作营销业务信息系统，实现“一站式”服务。

（3）负责当日资金盘点工作。

（4）负责客户回访工作。

（5）负责营销新型业务宣传推广。

（6）完成供电所下达的各项任务和指标。

2.8.2 工作内容

（1）做好营业厅业务受理，指导客户填写相关申请资料，审核合格后及时录入营销系统形成电子工作单。

（2）受理客户营销业务咨询，根据客户业务类别，告知客户业务办理及受电工程各环节注意事项和要求。

（3）操作营销 MIS 系统、用电信息采集系统等，在规定时限内完成系统中的相关流程处理工作。

（4）做好受理环节客户档案资料的收集、整理、归档及维护工作。

（5）做好电费收取、电费票据打印、增值税发票开具、智能缴费客户预购电明细单打印等日常业务工作。

（6）解答客户查询、咨询，配合做好电力优质服务、安全用电知识宣传和客户满意度调查工作，指导客户安全、规范、合理用电。

（7）宣传推广线上缴费、移动平台应用等新型业务。

（8）收集营业厅客户意见，反馈营销服务中出现的新情况、新问题并提出建议。

（9）完成上级交办的其他工作。

2.8.3 检查与考核

本标准执行情况由供电所按有关规定检查与考核。

2.9 系统监控员（兼）岗位工作标准

2.9.1 职责

负责供电所综合业务监控平台和其他各类系统的在线监控工作，做好异常数据的分析、派单和督办。

2.9.2 工作内容

（1）针对上级下达的各类专业管理信息系统的异常数据，开展督办或治理工作，实现闭环管理。

（2）按照规定的时限和质量工作要求，加强线路、配电变压器设备运行的日常监测，分析三相负荷不平衡、重过载、低电压、采集终端不在线等情况，提出整改措施，做好配电网故障信息反馈。

（3）按照规定的时限和质量工作要求，加强用电信息采集系统的日常监测，负责采集失败、线损异常等问题的统计分析，派发工单并跟踪处理。

2.9.3 检查与考核

本标准执行情况由供电所按有关规定检查与考核。

2.10 综合事务员（兼）岗位工作标准

2.10.1 职责

（1）负责各类资料的收集、整理、归档等工作，确保资料的真实性、正确性。

（2）负责协助综合班班长做好考勤、绩效、后勤等日常综合管理工作。

（3）负责协助综合班班长做好班组建设工作。

（4）负责开展目标与计划管理工作。

2.10.2 工作内容

（1）做好国家方针政策、法律法规和上级单位下发的通用标准、规章制度的收集、整理、归档工作。

（2）做好供电所各类内部制度、台账记录等资料的收集、整理、归档工作。

（3）配合做好供电所绩效管理系统数据的更新、检查、统计、分析、上报。

（4）配合开展供电所各类指标完成情况的跟踪分析，及时提出提升建议。

（5）协助开展班组管理工作和各类创建活动。

（6）开展日常考勤管理，做好每月考勤统计、上报工作。

（7）做好供电所环境卫生、文明生产和食堂后勤等工作。

（8）按时上报其他相关报表、数据，提供各专业岗位所需的相关资料。

2.10.3 形成的报告记录（见表 2-6）

表 2-6 综合事务员的报告记录

序号	名称	责任人	保存地点	备注
1	供电所绩效考核记录	综合事务员	综合班	系统自动生成手工编制
2	所容所貌自检表	综合事务员	综合班	手工编制

2.10.4 检查与考核

本标准执行情况由供电所按有关规定检查与考核。

2.11 信息管理员（兼）岗位工作标准

2.11.1 职责

（1）贯彻执行国家有关信息安全法律法规和上级单位相关管理规定。

（2）负责信息安全管理，开展员工信息安全教育培训。

（3）负责计算机、信息通信设备及设施运行管理，配合专业管理部门进行安全检查。

（4）负责对计算机、信息通信设备及设施运行的技术改造、日常运维管理提出建议。

（5）负责信息通信设施检修现场安全。

2.11.2 工作内容

（1）做好信息安全，采取有效措施，保护办公网络信息安全。

（2）做好机房、信息通信设施的日常巡视。

（3）配合专业管理部门，检查机房、信息通信设施建设情况，维护系统正常运行。

（4）开展员工信息安全教育，及时传达上级各类信息安全文件和事件通报，杜绝内网外联事件。

（5）参与计算机内网终端违规外联事件的调查，跟踪处理结果，完成处理流程的闭环管理。

（6）配合收集信息通信事故处理中操作记录和日志等证据，及时上报事故情况。

2.11.3 检查与考核

本标准执行情况由供电所按有关规定检查与考核。

2.12 营业厅引导员（兼）岗位工作标准

2.12.1 职责

负责营业厅的现场秩序、客户引导、业务咨询和查询、舆情管控、用电宣传、设施巡视等业务。

2.12.2 工作内容

（1）解答客户咨询，加强用电业务宣传及安全用电知识普及，针对客户需求做好展示区电能替代产品宣传及新型业务推广。

（2）维持营业厅现场秩序，主动关怀“老、弱、病、残、孕”特殊服务对象。

（3）做好营业厅舆情管控，疏导投诉客户、调解客户纠纷，及时答复客户意见。

（4）做好营业厅现场环境卫生，引导客户有序停放车辆。

（5）收集客户反馈意见，每日汇总当日收集的问题，及时反馈并提出改进建议。

（6）做好营业厅宣传单、宣传册、宣传标识牌等物品的更换、补充，以及“LED”电子屏内容更新。

（7）做好营业厅服务设施巡视、检查，便民服务用品的补充、整理，并做好记录。

（8）做好营业厅电气设施和开关管理，做好消防设施检查，消除电气、火灾隐患。

2.12.3 检查与考核

本标准执行情况由供电所按有关规定检查与考核。

2.13 配电营业班班长岗位工作标准

2.13.1 职责

（1）认真贯彻执行国家有关方针政策、法律法规和上级单位下发的通用标准、规章制度。

（2）负责配电营业班全面工作，落实安全生产责任制。

（3）负责落实台区综合业务承包责任制，制订工作计划并监督落实。

（4）负责配电营业班工作完成情况和工作质量的检查和考核。

（5）负责推广电能替代、电动汽车充换电、分布式电源、“互联网＋”渠道应用等新型业务。

（6）负责移动作业终端日常管理。

2.13.2 权限

（1）有权决定班组的日常工作安排和人员分工。

（2）有权调配班组工作资源。

（3）有权提出班组人员绩效考核建议。

（4）有权对本所班组建设工作提出建议。

2.13.3 工作内容

（1）落实安全生产责任制，提升员工安全意识及技能水平，创建无违章班组。

（2）做好供电服务指挥中心派发抢修类工单的处理和回复。

（3）确保台区档案、客户档案、台区客户对应关系的正确性。

（4）编制审核相关报表，做好专业分析。

（5）组织做好 0.4kV 及以下用电检查服务、反窃电和违约用电查处、客户服务、装表接电、采集运维、计量资产管理、电费催收、节能降损、欠费风险预控等工作。

（6）做好 0.4kV 及以下配电网设备现场巡视、信息数据维护、运维检修等工作，具备条件的供电所可以开展 10kV 配网设备现场巡视、信息数据维护、运维检修等工作。

（7）做好配合客户端供电保障工作。

（8）做好 10kV 及以下电力设施安防、安保、防汛设备运检和配电线路通道防护工作。

（9）做好 0.4kV 及以下配网设备（含计量设备）一体化抢修工作，具备条件的供电所可以开展 10kV 配网抢修工作。

（10）协助运检技术员开展设备运行管理，协助客户服务员开展低压供用电合同管理。

（11）推广电能替代、“互联网＋”渠道应用、电动汽车充换电、分布式电源等新型业务。

（12）做好组织营配贯通及图数治理工作。

（13）参与 0.4kV 新增、改造、扩建工程验收，组织开展低压客户工程项目的现场勘察、供电方案制订、竣工验收等工作。

（14）组织做好客户走访、客户需求汇总上报工作。

（15）做好移动作业终端领用、存放、充电等日常工作。

（16）管控供电服务业务和各项指标，落实绩效考核。

（17）完成上级交办的其他工作。

2.13.4 形成的报告记录（见表 2-7）

表 2-7　　配电营业班班长的报告记录

序号	名称	责任人	保存地点	备注
1	台区经理台账	配电营业班班长	配电营业班	手工编制
2	线路设备巡视记录	配电营业班班长	配电营业班	手工编制
3	台区剩余电流动作保护装置测试运行记录	配电营业班班长	配电营业班	手工编制

续表

序号	名称	责任人	保存地点	备注
4	红外测温记录	配电营业班班长	配电营业班	手工编制
5	客户走访记录	配电营业班班长	配电营业班	手工编制

2.13.5 检查与考核

本标准执行情况由供电所按有关规定检查与考核。

2.14 台区经理岗位工作标准

2.14.1 职责

（1）认真贯彻执行国家有关方针政策、法律法规和上级单位下发的通用标准、规章制度。

（2）完成各项工作任务和考核指标。

（3）负责低压线路设备（含客户计量装置）的巡视、日常维护及故障抢修等工作。

（4）负责开展业扩新增及技改类现场勘察、竣工验收、装表接电、暂拆、迁址、销户等现场作业。

（5）负责台区低压客户的表计补抄、电费催缴和欠费停复电工作。

（6）负责台区线损治理、用电检查和反窃电工作。

（7）负责客户服务工作，推广电能替代、电动汽车充换电、分布式电源、“互联网＋”渠道应用等新型业务。

2.14.2 工作内容

（1）通过移动作业终端，现场受理客户的新装（增容）、减容、更名过户、销户、变更联系信息等业务。

（2）开展业扩现场勘察、竣工验收、装表接电、暂拆、迁址、销户等现场作业，及时向综合班提交客户基础档案变更维护信息，确保营配贯通数据现场对应率达到100%。

（3）做好供用电合同、费控协议的签订及合同信息变更工作。

（4）开展线路及配电设备的日常和特殊巡视工作，对存在安全隐患的客户下达安全隐患告知书，并上报班长及安全质量员跟踪处理。

（5）开展配电变压器负荷实测、接地电阻测量，提供电网改造计划建议。

（6）定期开展剩余电流保护装置测试工作，确保“三率”（安装率、投运率、正确动作率）达到100%。

（7）接收班组或供电服务指挥中心派发的工单，接受客户故障报修诉求，协调配合营配各类报修业务一体化抢修。

（8）做好智能缴费客户联系信息维护工作。严格执行智能缴费停复电工作流程，实行“清欠即付即送”。在远程费控操作失败后，采取现场停复电。

（9）落实台区线损“承包”责任制，完成台区线损管理指标。

（10）常态化开展用电检查和反窃查违工作。多渠道收集窃电和违约用电线索，现场核实取证，上报处理。

（11）做好分布式电源业务日常安全检查、电量抄读核对等工作。

（12）定期督促客户检查自备电源设备。

（13）建立客户微信服务群，定期开展客户大走访工作，宣传用电政策和安全用电知识。

（14）推广电能替代、电动汽车充换电、分布式电源、“互联网+”渠道应用等新型业务。

（15）完成上级交办的其他工作。

2.14.3 形成的报告记录（见表2-8）

表2-8 台区经理的报告记录

序号	名称	责任人	保存地点	备注
1	线路设备巡视记录	台区经理	配电营业班	手工编制
2	台区剩余电流运作保护装置测试运行记录	台区经理	配电营业班	手工编制

2.14.4 检查与考核

本标准执行情况由供电所按有关规定检查与考核。

3 供电所常用管理制度

3.1　供电服务站管理制度

（1）被合并的供电所，根据地域条件、供电范围、设备状况、管理基础及人员素质等，可按配电营业班模式选设供电服务站，实行班长负责制。

（2）供电服务站不再设置营业厅，应配置24h自助缴费机、抢修车辆、抢修工器具、备品备件、办公桌椅、计算机、床位、站内监控等，满足日常工作生活需要。供电服务站应受理客户业扩报装、故障报修业务，负责安全生产、优质服务、设备运维等工作。

（3）供电所所长是供电服务站巡查工作的负责人。供电所应对供电服务站开展定期、特殊巡查工作，定期巡查原则上每周不少于两次。

（4）定期巡查工作重点为：①综合管理、安全生产、营销服务等工作开展情况；②各类抢修车辆，安全、施工（生产）工器具，备品备件，表库计量装置数量及完好程度；③人员上岗情况、劳动纪律等。

（5）发生自然灾害或外力破坏等异常情况时，供电服务站应及时组织检查、抢修，根据受灾、破坏情况及时上报。

（6）当日值班人员负责业扩受理、引导客户自助缴费、线上缴费等工作。

（7）在季节性抗旱等特殊时段，由供电所向供电服务站派驻综合柜员，设置临时收费点，负责缴费充值等业务。特殊时段结束后撤回。

（8）供电所长的定期走访应包括供电服务站所在乡镇政府和所辖客户。

（9）值班记录、派工单、巡视记录、考勤表等作为供电服务站及人员的考核依据，应真实完整上报，供电所统一整理归档。

3.2　配电营业值班点管理制度

（1）针对个别地区存在台区经理到供电所上班远、上班难的问题，特别是山区狭长地带的供电所，可根据台区经理居住分布情况，在不增设配电营业班的基础上，采取一班多点模式，分设配电营业值班点。

（2）分设的配电营业值班点，按照“一事一报”原则，由县公司（市郊区）提出申请，由市公司营销部、人资部审批，并报省公司营销部、人资部备案。

（3）加强配电营业值班点管理，配电营业值班点执行网格化管理要求，指定责任人，明确服务范围。按照“全能型”供电所建设要求，落实配电营业班、台区经理各项考核指标。

（4）供电所应对供电区域内的配电营业值班点开展定期、特殊巡查工作，定期巡查原则上每周不少于1次。配电营业值班点巡查工作，由配电营业班班长组织进行。

（5）严格执行供电所考勤制度、抢修和值班制度、派工单制度、责任台区轮换制度等，定期到供电所参加集体活动。

（6）供电所通过信息化手段做好值班人员考勤、日常工作派单。

（7）配电营业值班点优先配备移动作业终端，安装远程视频监控设备，配备适当的抢修工器具、备品备件和基本生活设施等。

3.3　台区经理管理制度

3.3.1　管理原则

（1）台区经理是指从事公用台区低压设备管理、台区运维、营销管理和客户服务等工作的供电所人员。台区经理实行“择优选拔、分片联责、绩效考核”的管理原则。

（2）台区经理实行定期选拔、轮换制，一般任期为1年，到期后重新选拔任命。

（3）供电所按照“就近响应、协同跟进、现场对接、共同处置”的原则，将若干个工作地点相邻的台区经理组成网格化服务小组，每个台区经理原则上负责5～20个台区。

（4）台区经理作为服务主体、工作主责、设备主人，实行首问负责制、快速响应制、首到责任制、现场办理制、设备巡查制、问题报告制，进一步靠近客户、靠近设备，变被动服务为主动服务，变单一服务为综合服务，快速响应客户需求。

3.3.2 归口管理

（1）营销部是台区经理的归口管理部门，负责组织制订台区经理管理细则，审查供电所台区经理选拔方案，审核台区经理选拔结果。

（2）人力资源部是供电所台区经理绩效管理的归口部门，负责台区经理绩效管理的组织领导、监督管理、考核结果兑现等。

3.3.3 选拔标准

（1）遵守国家法律法规，热爱本岗位工作，主动服务意识强，有较强的工作责任感。

（2）熟悉低压配电网运维、营销服务有关规定、工作标准和流程，具备较强的沟通能力。

（3）掌握相关业务知识，能熟练使用各种生产工器具，《安规》考试合格，通过县公司（市郊区）组织的年度培训考试。

（4）具备履行岗位职责所需的身体条件。

（5）未发生过严重违纪事件，上一年度发生人为责任投诉不多于1起。

（6）具备初级工以上技能等级。

3.3.4 作业模式

台区经理作业模式，分为单人作业模式及多人作业模式。

（1）单人作业模式。是指台区经理在供电所的统一组织下开展单人作业，包括：电费催收，低压表计补抄、补录，现场停复电，客户走访，正常天气的台区低压线路巡视，在地面上修剪低矮的树木，在地面上喷涂杆号、张贴警示标语、安装标识牌，杆基培土，其他可单人作业的低压运维、故障处理等。

（2）多人作业模式。应按照“就近响应、协同跟进、现场对接、共同处置”原则，将若干个工作地点相邻的台区经理组成供电服务小组，由供电所统筹安排工作任务，开展需要两人及以上人员协同作业的工作，主要包括：装表接电、计量装置故障处理、用电检查、设备检修、故障抢修、高空作业、现场消缺、特殊巡视等。供电服务小组内的台区经理相互支援配合，协同开展工作，实现人员互为支撑、工作有监护、质量有监督的网格化供电服务。

3.3.5 现场服务规范

（1）应着工装并佩戴工号牌。到客户现场服务前，有必要且有条件的，应与客户预约时间，讲明工作内容和工作地点，请客户予以配合。

（2）进入客户现场时，应主动出示工作证件，进行自我介绍。进入居民室内时，应先按门铃或轻轻敲门，主动出示工作证件，征得同意后，穿上鞋套，方可入内。

（3）到客户现场工作时，应遵守客户内部有关规章制度，尊重客户的风俗习惯。

（4）到客户现场工作时，应携带必备的工具和材料。工具、材料应摆放有序，严禁乱堆乱放。如需借用客户物品，应征得客户同意，用完后放回原处，并向客户致谢。

（5）如在工作中损坏了客户原有设施，应尽量恢复原状或等价赔偿。

（6）现场工作结束后，应立即清扫，不能留有废料和污迹，做到设备、场地清洁；同时应向客户交待有关注意事项，并主动征求客户意见。

（7）原则上不在客户处住宿、就餐。如因特殊情况确需在客户处住宿、就餐的，征得客户同意后，按价付费。

（8）工作发生差错时，应及时更正并向客户道歉。

（9）当客户的要求与政策、法律、法规及本企业制度相悖时，应向客户耐心解释，争取客户理解，做到有礼有节。遇有客户提出不合理要求时，应向客户委婉说明，不得与客户发生争吵。

3.3.6 绩效考核

建立台区综合业务承包责任制度，台区经理的个人收入与责任台区综合评价指标量化挂钩。

3.4 安全生产制度

3.4.1 安全生产责任制

（1）供电所长是供电所安全生产第一责任人。供电所与所内员工按年度、分岗位签订安全生产责任书，确保实现年度安全目标。

（2）严格落实上级单位有关安全生产工作部署，通过周安全活动、月度安全例会等，传达落实安全生产的文件、通知、事故通报等，常态开展安全警示教育，分析供电所安全生产工作存在的问题，做好安全风险管控防范，防止各类事故发生。

（3）严格执行安全生产规章制度和操作规程，严格执行班前会、班后会制度，正确使用工作票、操作票、故障紧急抢修单，作业时做好现场安全交底，落实各项安全措施，杜绝各类违章作业，实现“两票”合格率100%，已终结归档的工作票、操作票、故障紧急抢修单等资料至少应保存1年。

（4）加强完善作业现场风险管控，落实作业项目安全技术措施，实行所长、安全质量员等管理人员在施工改造、线路消缺、故障抢修等作业关键点到岗到位制度，强化对违章作业的管控纠察。

（5）常态开展员工安全教育培训，教育培训以《国家电网公司电力安全工作规程（线路部分、配电部分）》、反事故演习、事故预想、安全工器具使用、急救方法等内容为主，每年第一季度组织开展《国家电网公司电力安全工作规程》知识考试、触电急救模拟考试，成绩合格率100%。

（6）利用宣传彩页、标语、张贴画等形式，广泛开展安全用电、电力设施保护等宣传工作；按周期检查客户用电设施，及时下达安全隐患告知书；定期开展人身、设备、信息安全、消防设施、交通车辆等安全排查，确保不发生安全事故。

（7）落实省公司编制的现场应急处置方案，每年开展不低于两次的应急处置演练，针对自然灾害、节假日及重要社会活动提前编制保电方案，做好应急抢修值班和应急物资准备工作，保障辖区政府、医院等重要客户的可靠供电。

3.4.2 安全工器具库管理

（1）严格执行《国家电网公司电力安全工器具管理规定》，安全工器具统一按照标准配置，安全工器具库应由安全质量员专人管理。

（2）建立安全工器具登记台账，做到账、卡、物相符。

（3）安全工器具按周期进行试验，试验报告、检查记录齐全，严禁使用不合格或超试验周期的安全工器具。

（4）安全工器具库应符合通风、干燥、清洁要求，安全工器具应统一编号，入库检查后放置在安全工器具柜内对应编号位置，不得混放其他物品及不合格安全工器具，所有安全工器具实行集中保管。

（5）严格按照供电所安全工器具出入库管理要求，安全工器具的出入库应履行领用、归还手续，并做好记录。

（6）安全工器具纳入国网安监一体化平台管理，实现安全工器具从录入、自检、试验、报废的全过程管控。

（7）凡橡胶制品的安全用具不可与石油类的油脂相接触，存放环境不能过冷过热，不允许有外伤、裂纹、气泡或毛刺等，不可与锐器、铁丝等放在一起。

（8）不合格或超试验周期的安全工器具，禁止混放，应另外封存并设置“暂停使用”明显标志，严禁继续使用。需要补充的安全工器具由供电所提出申请，由上级主管部门审批、采购、配发。

（9）定期组织安全工器具使用培训，新型安全工器具使用前应组织针对性培训，保证安全工器具正确使用。

3.4.3 施工工器具库管理

（1）施工工器具库保持干燥通风、干净整洁，由运检技术员专人管理。

（2）施工工器具应编号、分类存放，建立健全工器具台账，做到账、卡、物相符，并实施定置管理，所有工器具实行集中保管。

（3）施工工器具每月应进行一次外观检查，按周期试验，试验报告、检查记录齐全，每季度进行一次清查核对，对检查不合格的工器具进行另外封存，并及时上报上级部门补充完备，严禁使用不合格或超试验周期的施工工器具。

（4）严格按照施工工器具出入库管理要求，对领取的工器具名称、数量、领取时间以及用途登记清楚，领用单应有领用人、负责人签字。工器具使用完后应及时交回，运检技术员应对交回的工器具进行核对和检查，并做好记录。

（5）每月月底前，运检技术员将当月领用单装订汇总并存档。

（6）定期组织施工工器具使用培训，新型施工工器具使用前应组织针对性培训，保证施工工器具正确使用。

3.4.4 备品备件库管理

（1）备品备件库保持干燥、清洁、通风良好，由运检技术员专人管理。

（2）备品备件应专库保管。备品备件应定置摆放，货架上应粘贴标有名称、型号、数量的标签，并做到账、卡、物相符。

（3）备品备件实行定额管理。配备数量由上级单位根据供电所管辖的线路、设备核定、配备。

（4）物资入库前，管理人员应核对物资品种、规格、数量与货物交接单，核对无误、验收合格后方可入库。

（5）管理人员应对库存物资定期进行检查、维护和保养，做好防雨、防腐、防潮等防范工作。

（6）备品备件库物资应每月检查一次，保证物资质量完好，随时可用。对检查中发现无法使用的物资，报供电所负责人同意后调整物料卡片及物料台账。

（7）事故抢修或设备正常维护可使用备品备件。备品备件的使用实行审批制度，按照“先进先出”的原则进行。领用时，使用人需填写备品备件领用单，经所长批准后，方可使用。严格履行审批手续，未经批准，不得出库。

（8）库存数量低于定额最低标准时，及时做好审报计划进行补充，确保备品备件符合定额管理要求。

（9）结余物资必须及时退库。退料入库前，应对退料物资进行技术鉴定。鉴定合格的，管理人员应将物资品种、规格、数量与所退物料单进行核对，填写实收数量，确认无误后入库并即时更新物料卡；鉴定不合格的，管理人员应对废旧物资品种、规格、数量与所退物料进行核对，填写实收数量，放置报废区。

（10）报废物资不得擅自处置，应定期上交，并做好记录。

3.4.5 配电线路设备管理

3.4.5.1 巡视管理

（1）严格执行《国家电网公司配网运维管理规定》，按照线路、设备巡视周期、项目及内容要求，制订供电所设备巡视计划。

（2）根据线路、设备状态评价结果确定巡视周期。架空线路通道与电缆线路通道的定期巡视周期不得延长。重要线路和故障多发的线路每月至少进行一次检查巡视，特殊时期或重要保电时段增加特巡。

（3）巡视人员在巡视检查线路、设备时，应同时核对命名、编号、标识等，并在满足安全规程与确保安全的前提下，可进行维护和简单消缺工作。

（4）巡视人员应认真填写巡视记录，包括气象条件、巡视人、巡视日期、巡视范围、线路、设备名称及发现的缺陷情况、缺陷类别，沿线危及线路、设备安全的树木、建筑和施工情况、交叉跨越的变动情况以及初步处理意见等。

（5）巡视人员在发现紧急（危急）缺陷时，应立即向班长、所长汇报，并协助做好消缺工作；发现影响安全的行为，应做好现场宣传、劝阻工作，并书面通知责任单位或个人，发现有危及安全的重大安全隐患时，应立即制止；巡视发现的问题要及时记录、分析、汇总，重大问题应及时向有关部门汇报。

3.4.5.2　缺陷管理

（1）严格执行《国家电网公司电网设备缺陷管理规定》，开展缺陷管理工作，缺陷发现及时，描述清晰，实行影像化管理。

（2）对巡视发现的缺陷，实行分级管理、分类整理，并制订消缺计划及材料需求计划。

（3）紧急缺陷应在24h内消除。重大缺陷应视其严重程度在一个月内消除。一般缺陷可列入季度、年度大修计划消除或日常维护消除。线路、设备存在缺陷但不影响安全运行时，应加强监视，针对缺陷发展做出分析和事故预想。

3.4.5.3　台区剩余电流动作保护装置运行管理

（1）配电营业班负责剩余电流动作保护装置的安装、更换及台账建立，台区经理负责剩余电流动作保护装置的日常运行、定期测试、做好记录等，确保安全可靠。

（2）台区剩余电流动作保护装置安装率、投运率、正确动作率达到100%。

（3）凡台区剩余电流动作保护装置测试参数不合格者，应填报设备缺陷报表，制订计划，及时更换维修，确保其正常运行。

（4）每月对台区剩余电流动作保护装置进行检查测试。根据季节变化，增加台区剩余电流动作保护装置测试次数，并做好测试记录。

3.4.5.4　标识管理

（1）线路、台区等运行设备标识牌应齐全完整。新建线路、设备投运时，线路、设备、设施的标识牌、警示牌等应齐全完整。各类标识牌应满足《国家电网品牌标识推广应用手册（第三版）》要求，效果与周边环境相协调，并保持外观整洁。

（2）架空线路标识。

1）线路每基杆塔应有清晰、规范的线路名称和杆塔编号，由送电侧向受电侧编号。同一条线路的标识、安装位置应统一，设备异动应及时变更设备标识。同杆塔多回线路的杆号牌应以不同色标区分。

2）变电站进出线终端、转角、分支、联络、电缆引线等杆塔应装设相序标识。

3）线路穿越人口密集地段和人员活动频繁的地区，应设警示标牌。

4）变压器、台架标识宜装设在变压器的散热器上，应标明线路名称、变压器（变台）编号等内容。台架应悬挂“高压危险、禁止攀登”警示牌。

5）环网单元、电缆分支箱、箱式变电站标识牌应标明线路名称、编号，确保在供电区域内的唯一性。警示标识设置在箱体中间醒目位置或安全围栏的栏杆上。

6）易受车辆碰撞的杆塔应根据现场情况制作防撞护墩，并喷刷反光、黑黄相间防撞警示标识。

7）位于公路两侧的杆塔拉线应安装反光、红白相间警示护管。

8）架空电力线路跨越河流、鱼池、湖泊等易垂钓地段应设警示标牌。

9）钢管杆在距地面 3m 处，应安装防盗、警示反光标识。

（3）电力电缆标识。

1）电缆终端、中间接头以及电缆井、转弯处、夹层内、隧道及竖井两端等电缆本体应悬挂标识牌，并具备防腐、防潮要求。标识牌应标明线路名称及编号、规格型号、长度、起止端、施工单位、投运日期等。

2）“高压危险、请勿靠近”警示牌应装设在电缆终端杆电缆架或电缆护管上。

3）电缆终端应有相色标识，用黄、绿、红三色绝缘带缠绕在电缆终端的绝缘管上。

4）直埋电缆敷设路径的起、终点及转弯处应设置电缆警示桩或行道警示砖，以便警示及掌握电缆路径的实际走向。

5）电缆隧道内每隔 5～30m 需装设电缆标识牌。安全隐患重点防范区域，设置有针对性的明显禁止标识。发现缺陷按要求及时录入 PMS，缺陷留有照片、描述清晰。

3.4.5.5 电力设施保护

(1) 电力设施保护包括处于运行、备用、检修、停用和正在建设的电力设施。

(2) 坚持“预防为主，综合治理”的原则。通过建立有序的组织架构和工作秩序，开展电力设施外部隐患风险的预先管控。

(3) 应确保辖区内线路通道属地化工作具体到人，定期开展属地化输电线路巡视，做好巡视记录，留存备查。按运维要求，开展通道树障砍伐及塔基周围杂树、杂草、杂物、排水沟等清理工作。配合运维单位完成其他通道隐患处理、线路通道故障查巡工作，按要求报送线路通道内缺陷、隐患信息，确保信息真实、有效。

(4) 组织开展电力设施保护宣传，及时发现电力设施安全隐患，发现缺陷按要求及时录入 PMS，缺陷留有照片，描述清晰，并对危害电力设施的行为下发隐患通知单。

3.4.6 故障抢修管理

(1) 遵循“安全第一、快速响应、综合协同、优质服务”原则。抢修工作应严格执行有关规定，强化抢修关键环节、关键点的安全风险控制，使用工作单或工作票。

(2) 故障抢修人员配置应满足值班要求，提供 24h 电力故障报修服务，对电力报修请求做到快速反应、有效处理，加快故障抢修速度，缩短故障处理时间。

(3) 综合班接收、派发抢修工单，配电营业班执行。综合班人员根据报修工单的用电地址、用电区域、客户姓名、客户户号、联系方式、故障现象、客户感知等信息，根据配电营业班业务范围及管理权限，在 3min 之内派发至配电营业班。供电抢修人员到达现场的时间，城区范围一般不超过 45min，农村地区一般不超过 90min，特殊边远地区一般不超过 2h。因特殊原因无法按时限要求到达现场的，抢修人员应及时与客户沟通，做好解释工作。

(4) 故障工单较多时，应根据故障的时间先后、轻重缓急依次处理。对于同一故障有多个工单或有其他特殊情况时，应做好客户确认和解释工作。

(5) 抢修人员到达故障现场，应带必备的抢修工器具，戴安全帽，着装规范，抢修工作负责人应复查抢修成员穿着的劳动防护用品是否规范。抢修人员应保持良好的精神状态。

（6）及时询问客户有关故障情况，迅速、准确查找故障点，判断故障，并按相关要求进行故障隔离和修复。抢修人员判明故障后，向综合班人员汇报故障类型、预计处理时间、恢复送电时间。由综合班将到达现场时间录入系统，抢修完毕后抢修人员向综合班反馈结果，由综合班人员完成填单、回复工作。

（7）若故障现场有危险或无法直接处理时，应立即采取有效措施，保护好现场，防止事故扩大，杜绝发生触电事故，同时立即报告综合班，由综合班协调处理。现场做好客户的解释工作，待相关抢修人员赶到并移交后方可离开事故现场。

（8）抢修过程中应严格遵守电力安全规程及其他安全规章制度，确保电力设施和抢修作业人员及客户的安全。

（9）与客户交往文明礼貌，准确明了、实事求是地答复客户提出的问题。抢修完成后，应清理现场。如在工作中损坏客户设施，应修复或等价赔偿。

（10）故障排除后，抢修人员应及时将处理结果回复至综合班。

（11）综合班应对故障工单进行统计，按故障区域、故障类型、故障设备、发生时间等进行分析，指导配电营业班在故障高发区域、高发时段更好地开展主动运维。

3.4.7 派工单管理

（1）对供电服务员工的日常工作和供电服务工作实行派单制，并作为其绩效考核的依据。

派工单由所长（副所长）、综合班人员、配电营业班班长派单。派工单应写明指派人、工作负责人、工作人员、工作任务、工作地点、派工时间、工作结束时间、安全措施及工单评价等内容。

派工单按月汇总，妥善保管一年以上，同时做好工作票、操作票、作业指导卡、工作记录等资料，并对完成情况评价存档。

（2）日常工作派单，主要包括巡视、清障、故障消缺、现场勘察、电费催缴、台区巡视、用电检查等。供电所根据工作计划和日常工作安排，填写派工单。

（3）供电服务工作派单，主要包括业扩报装、抢修、故障报修及延伸服务等。派单任务完成后，由客户进行评价。

（4）对紧急、特殊或临时性工作，无法当面派工的，可根据实际采用适当方式先行派工，并做好工作记录，工作结束后补办派工单。

（5）被派工人员执行任务时，严格按照派工单要求工作，禁止随意改变任务内容。若现场临时接到客户诉求，应及时将客户诉求信息反馈至供电所，由供电所视具体情况进行派工。

（6）派工单所列内容要与工作计划、“两票”、安全工器具和备品备件领用记录、员工请销假和考勤记录等对应，涉及的各项记录要相符，形成工作闭环。特别对供电服务指挥中心通知事项，承诺时间要与派工单派工时间同步相符。

（7）派工单任务完成后，经现场检查验收合格，由现场负责人签字确认。如未完成，由现场负责人向供电所报请延时或增加派工。

3.4.8 消防安全管理

（1）建立健全消防安全监督管理体系，落实消防安全责任制。供电所长是消防安全第一责任人。

（2）安全质量员负责日常消防安全管理，建立消防设备台账，落实上级单位下达的消防安全任务，定期组织消防器材（设施）使用方法和灭火技能的培训，定期组织开展消防演习、演练等活动，内容上传至安监一体化平台系统。每日巡查消防设施是否在位、每月检查消防设施完好状况，保持环境整洁卫生。

（3）消防活动每月不少于一次，消防演习每年不少于一次。

（4）在供电所办公、营业场所及电网设备重点防火部位，按要求装设灭火装置。

（5）现场所有消防设施，在非火警时任何人禁止撬锁、打碎玻璃。除开展消防演练、演习外，不得动用消防设施。如因发生紧急事故使用，使用后必须告知上级安全管理部门，并由安全质量员登记备案。如因工作需要移动或拆除时，应采取临时防火措施，并征得所长和上级安全管理部门批准，工作结束后必须及时恢复。

（6）消防通道要保持畅通，现场消防设施周围不得堆放杂物和其他设备，消防沙要保持充足和干燥，消防沙箱、消防铲把要涂成红色。

（7）防火重点部位严禁吸烟，应有明显标识。

（8）生产现场严禁存放易燃易爆物品，严禁超量存放工作用油，生产现场使用的油类要盛放在金属密闭的容器内，并存放在可关闭的金属柜、箱内。

（9）发生火灾时，立即扑救，同时报警和通知上级安全管理部门和上级单位领导。设有火灾自动报警装置和自动灭火装置的，应立即启动自动灭火装置进行灭火（人工无法扑灭时）。

（10）电气设备发生火灾时，仅允许在熟悉该设备带电部分人员的指挥带领下进行灭火，严禁使用能导电的灭火剂灭火，防止触电。

（11）现场灭火人员要防止被火烧伤，防止因燃烧物产生的气体造成中毒、窒息，防止引起爆炸。

（12）火灾扑灭后必须保护火灾现场。

（13）所有人员要积极参加消防安全教育培训，熟悉灭火器材及设施的性能、位置和适用范围，并掌握使用方法，积极参加上级单位组织的消防演练、演习。

3.4.9 生产车辆管理

（1）严格遵守国家交通法律法规，执行公司车辆管理规定。

（2）供电所长是车辆管理第一责任人。安全质量员负责车辆日常管理，按时参加年检，做好车辆的维护保养工作，保持车辆技术状况和车容良好，确保工作正常使用。

（3）实行派车和登记制度。原则上由所长派车，节假日期间和夜间可由带班人员直接派车开展工作，及时填写出车记录，不得擅自出车及公车私用。

（4）驾驶员出车前，应认真检查车辆状况，如机油、水箱、胎压、刹车片、汽油或电量是否充足等。在不同季节或特殊天气条件下，应重点检查防冻液、防滑链等情况，确保行车安全。

（5）车辆日常必备抢修常用的备品备件及安全工器具。驾驶员在开展抢修工作前和结束后，检查备品备件及安全工器具是否齐全。

（6）驾驶员在行车过程中，应注意观察车辆状态，及时检查处理，不开隐患车辆。

（7）驾驶员在工作结束后，应及时清理车上物品，清洁车辆，保持车容车貌整洁。交车时，保证燃油或电动车电量充足。车辆必须停放在指定位置。

（8）驾驶员必须按时参加上级单位组织的专业安全学习，熟练掌握安全驾驶知识。

（9）驾驶员在日常行车及车辆管理中，应厉行节约、节能减排、保护环境。

3.4.10 信息系统安全管理

（1）计算机管理按照“谁主管谁负责、谁运行谁负责、谁使用谁负责”原则，实行实名制管理。

（2）计算机使用人员为计算机的第一安全责任人，未经市县公司信息运维部门同意并授权，不允许私自卸载统一安装的安全防护与管理软件，确保计算机的信息安全和内容安全。

（3）计算机、外设及软件安装情况要登记备案并定期进行核查，信息内外网办公计算机要明显标识，严禁内网计算机违规外连。

（4）信息内网计算机不能配置、使用无线上网卡等无线设备。

（5）接入信息内外网的计算机 IP 地址由运行维护部门统一分配。

（6）定期对计算机及应用系统口令设置情况进行检查，密码强度应符合省公司相关要求，避免空口令、弱口令。

（7）加强对计算机桌面终端安全运行状态和数据级联状态的监管，确保运行状态正常和数据级联贯通，按照上级单位相关要求及时上报运行指标数据。

（8）使用上级统一推广的计算机桌面终端管理系统，加强计算机的安全准入、补丁管理、运行异常、违规接入安全防护等的管理，部署安全管理策略，进行安全信息采集和统计分析。

（9）计算机、打印机、复印机出现故障后，报送上级统一维修，不得擅自处理。

（10）计算机使用人发生变更时，要报上级信息管理部门申请变更，重新注册后方可使用。

（11）报废终端设备、员工离岗离职时留下的终端设备应交由相关单位（部门）处理。

（12）每年供电所与所有员工签订信息安全责任书。严禁使用非上级信息运维单位（部门）授权的移动储存介质。

3.5 营业服务制度

3.5.1 营业厅管理

（1）营业厅各项设施齐全，以客户需求为导向，因地制宜设置新型业务体验区。

（2）标识标牌管理符合《国家电网品牌标识推广应用手册》要求，营业厅外有营业厅标牌、门楣、营业时间牌、灯箱；营业厅内有业扩办理流程、电价公示、“三个十条”、12398 投诉举报热线、供电服务收费项目清单、工作人员简介公示牌、禁烟标识；柜台上主要摆放综合柜员岗位牌、线上支付二维码宣传牌。

（3）营业厅人员上岗必须统一着装，并佩戴工号牌，按时到岗，做好营业前的各项准备工作。营业厅保持干净卫生、窗明几净，办公器具定置摆放、井然有序。

（4）营业厅人员服务行为规定。禁止在营业厅内饮食、吸烟等与工作无关的事。客户正在办理业务或等待办理业务时，不允许接打手机，办公业务使用办公电话处理。无特殊情况，不允许非营业厅岗位人员在工作区内活动，严禁酒后上岗。

（5）营业厅人员柜台接待服务规定。服务人员要使用文明用语，行为举止稳重大方，耐心解答客户咨询。严格执行“首问负责制”“限时办结制”；当有客户来办理业务时，应遵循“先外后内”原则，即立即停下内部事务，马上接待客户。下班时如仍有正在处理中的业务应照常办理；如仍有等候办理业务的客户，必须全部办理完毕后方可下班，不得找借口拒绝。凡发生推诿扯皮、怠慢客户或无故延误答复和处理等违诺的行为，被客户申告的，一经查实，按《国网河南省电力公司供电服务奖惩规定》进行处理。

（6）业务办理规定。业务受理、营业收费、咨询查询、投诉举报满足服务规范要求。营业厅工作应履行“一次性告知”等义务，精简用电申请手续，优化审验程序，减少客户临柜次数。

（7）宣传资料管理规定。每日应整理宣传资料，对放置区低于额定量的宣传资料应及时补足，保证宣传资料齐全、摆放整齐有序；及时公示政府涉电、行业相关临时性文件。

（8）自助终端管理规定。做好自助终端设备的日常维护，及时更换打印纸和票据等。出现故障时要张贴故障公告，指引客户采用其他方式办理业务。每日巡视自助终端的运行情况，并进行记录。发现异常情况及时处理。

（9）便民服务设施管理规定。保持便民设施在营业时段内处于可用的状态。对外营业前，检查各项便民设施是否完好，当发现故障或数量不足时，应及时维修、更换或补充。

（10）营业厅遇到新闻媒体采访、第三方调查等特殊事项处理原则。做好热情接待工作，第一时间报告所长和副所长，在征得上级领导同意后方可接受采访或调查。

（11）营业厅遇到过激行为的客户处理原则。做好过激客户或醉酒客户的安抚、解释和劝阻工作；对于影响工作秩序的、经劝阻无效的过激客户（醉酒客户），应及时拨打110前来处理，避免与过激客户或醉酒客户发生正面冲突，以免对自己或他人造成伤害。

（12）营业厅发生客户冲击的应对措施。由当日带班人员迅速向上级报告，同时做好说服劝导工作，稳定客户情绪，控制事态发展。如事态进一步发展，严重影响营业厅正常营业，应避开客户拨打110电话报警，并向上级报告事态扩大和已拨打110报警等情况；通知综合柜员暂停办理业务，组织全体员工做好安全防范工作；安抚现场人员，等候上级部门和警方到达现场处理。

（13）应在营业厅外明显位置设置客户意见箱，在营业厅内摆放客户意见簿。归纳梳理客户所提的各种意见和建议，及时处理，反馈客户。

3.5.2 计量装置管理

3.5.2.1 巡视及故障管理

（1）按规定开展计量装置巡视工作，针对异常天气、采集大面积离线、线损波动异常等情况开展特巡工作。重点巡视计量装置是否正常运行、计量箱门是否损坏、计量封印是否完整、接线是否松动或有烧痕、采集终端外置天线是否损坏、采集终端运行环境是否满足现场安全工作需要、控制回路接线是否正常、电能表或采集终端是否有报警异常等情况，并做好巡视记录，计量故障或缺陷采用影像化留存管理。

（2）故障、差错发生后，台区经理对故障性质进行判定。凡低压客户计量装置故障，台区经理向配电营业班班长汇报，配电营业班和综合班协同处理；凡高压客户计量装置故障，台区经理应保护现场，向配电营业班班长汇报，由供电所向上级计量管理部门报告；需要紧急抢修恢复运行而变动故障、差错现场时，须经上级领导或部门同意，现场做好取证和记录。

（3）计量故障、差错处理按照调查程序和“四不放过”原则，开展故障调查处理。

3.5.2.2　封印管理

（1）加强“三封一锁”（电能表表尾、联合接线盒、互感器二次端子盖，计量箱）管理，“三封一锁”使用率、完好率达到100%，Ⅲ类及以上计量装置电子封印配置率达到100%。

（2）客户服务员负责封印的入库和发放，建立与营销部计量专业相对应的封印使用情况登记簿，内容应包括封印的类别、数量、领用人、领用数量和编号、加封（使用地点、使用时间、使用人）、回收（遗失、拆回）情况等。

（3）需对计量装置封印开启时，必须经所长或配电营业班班长下发派工单，由客户服务员根据派工单，严格按照计量装置封印出入库管理规定，向台区经理发放相应封印。业务处理结束后，台区经理应上交拆下的封印。客户服务员应在收到封印后，第一时间完善封印回收台账。

（4）封印管理人、使用人应妥善保管封印，发现遗失或被盗，应立即汇报所长，所长应第一时间开展追查，并将追查结果书面汇报至营销部。如遗失或被盗属实的，由营销部书面通知计量管理部门后，方可补发。

3.5.2.3　表库管理

（1）客户服务员负责计量表库的管理，包括计量器具入库、保管、配送及报废、淘汰和清查等。

（2）表库内要保持干燥、通风、防潮、防腐、整洁，并符合消防要求。

（3）定期打扫库房卫生，做到货架无灰尘，标识清晰，标签朝外，地面无杂物，卫生无死角。

（4）表计出入库管理遵循先进先出的原则，表计存放时间为6个月，临近超期且短期不用的表计应及时退回上级表库，严禁出现超期表计。报废、淘汰表计分类分区设置，及时退回。

（5）计量表计的配送应使用统一计量周转箱。上级表库配送的电能计量器具应在当日入库，并保持有序摆放。

（6）表计配置出库应通过营销系统流程配表，在系统内完成表计配置后，方可出库。未经批准，严禁私自进行表计出入库操作。

3.5.2.4　服务规范

（1）严格执行《国家电网公司供电服务规范》第二十一条关于装表、接电服务规范的要求。电能计量装置原则上应设置在供用电设施产权分界处，并向客户出示表计合格证明及表底示数，由客户确认。

（2）现场工作时，统一穿工作服，戴安全帽、棉线手套，穿绝缘鞋，携带装换表工作票。

（3）整台区更换电能表，换表前应提前2天张贴告知书，并在物业公司或居委会（村委会）备案；零散装换表工作应提前3天电话通知客户。新、旧电能表起止示数应请客户或物业公司、居委会（村委会）工作人员签字确认；换装电能表前应对原电能表示数拍照，拆回的电能表应在表库存放至少1个抄表或电费结算周期，便于客户备查或提出异议时复核。更换计量箱时，要通过“分户送电、检查负荷”方式，避免发生串户现象。

（4）电能表发生过负荷烧表、短路烧表等故障后，台区经理应在24h之内完成更换，并及时向综合班传递工作单。更换故障电能表后，应现场与客户签字确认外观和示数，并现场对故障电能表拍照及存档；如客户不在现场，应张贴告知单，方便客户及时联系，同时请物业公司或居委会（村委会）人员确认外观和示数。

（5）换装、新装电能表后，应现场逐一核对进户线接入是否与户名、户号对应一致，避免出现电能表进户线接错造成电费纠纷。

（6）电能表装设后，应告知客户妥善保管，不应在电能表前堆放杂物，影响抄表及表计安全。告知客户如发现电能表丢失或损坏等，应及时告知供电企业，以便供电企业采取措施。

3.5.2.5　工作考核

违规使用、私自转借、丢失计量装置等，应根据相关规定对责任人进行处罚。复制、伪造和利用封印徇私舞弊、以权谋私造成公司经济损失的，应依据法律和上级单位相关规定严肃处理，情节严重的追究刑事责任。

3.5.3 智能缴费停复电管理

（1）新装业扩客户须签订《智能缴费用户电费结算协议》。

（2）低压居民、非居民执行智能缴费自动停复电。涉及公共安全、民生等特殊客户实行审批停电。执行审批停电客户名单由上级主管领导审批确认。

（3）系统监控员每日核查智能缴费覆盖率、抄通率，维护处理异常数据。

（4）系统监控员将客户信息异常工单派发给台区经理现场核查，综合柜员根据核查结果维护客户信息。

（5）系统监控员将预警客户信息提供给台区经理，联系客户及时补缴电费。因欠费未执行成功的停电工单，台区经理现场停电。

（6）复电指令下发后未执行成功的，系统监控员下派复电工单，台区经理现场复电。

（7）停复电工单操作流程应满足时限要求，确保执行成功率达到100%。

（8）台区经理现场停复电未成功，现场核查确认为表计自身故障，经客户同意后换表。

3.5.4 网格化服务管理

（1）供电所按照客户规模、服务半径、地理环境、设备状况等因素，划分区域和人员，构建网格化供电服务模式。

（2）按照“任务相当、方便管理、界定清晰”原则，以人均管理5～20个台区或1500～2000户（平原）、200～500户（山区）为标准，合理调配台区经理，形成以台区经理为核心的服务片区。

（3）按照“就近响应、协同跟进、现场对接、共同处置”原则，在每一个配电营业班内，划分若干个网格化服务小组。将3名及以上台区经理（即3个及以上服务片区）组成一个相互支撑、相互帮助的网格化服务小组。

（4）按照服务网格划分情况，绘制网格分布图，注明网格内的台区经理信息。信息发生变动时，据实更新。

（5）加强台区网格化管理，建立信息明确、渠道畅通、反应快速的供电服务属地化管理机制。网格化服务小组之间互相学习，取长补短。

（6）网格小组内台区经理相互配合，形成工作有支撑、安全有监护、质量有保证的工作机制，协同开展网格内的设备运维、报装报修、客户服务等作业。

（7）网格小组内实行连片联责管理。以台区为基础管理单元，台区经理为第一责任人，当第一责任人不在岗时，指定第二责任人承担其相应责任和工作任务，确保人员到位、管理不留死角。

（8）相邻的网格小组建立工作有支撑、安全有监护、质量有保证的工作机制。较大的集体作业事项，由所长或配电营业班班长统一调配各网格小组人员、派发集体作业工单，共同开展工作。

（9）开展供电服务网格化宣传。在网格化服务区内，发放便民服务卡，在每个网格内的供电台区、计量表箱、居民小区等醒目位置，张贴供电服务公示牌，通过全方位的供电服务宣传，提高服务质量，提升客户满意度。

（10）按照网格化服务管理要求，对台区经理进行考核及管理。

3.5.5 三级微信群管理

（1）利用微信平台用户普及、时效性强等优势，建立县公司营销部与供电所之间、供电所与台区经理之间、台区经理与台区客户之间三级微信群。

（2）县公司营销部与供电所之间的信息共享群（一级群）。负责发布管理制度、工作要求和考核通报等。供电所长可通过该群，及时向县公司汇报工作情况和需要协调事项等。

（3）供电所与台区经理之间的信息管理群（二级群）。负责发布工作任务、所务公示、工作提醒、绩效考核结果等，促进供电所内部日常和临时性工作有效落实。台区经理可在群内发布客户反馈问题、设备缺陷、工作开展情况等，并请求协同支持。

（4）台区经理与客户之间的实时服务群（三级群）。针对不同客户群体、用电需求，可分类建立普通客户群、专变客户群等。台区经理与客户之间信息交流实时互动。台区经理对客户需求第一时间做出反应，快速解决客户需求。如一时难以解决，则应及时进行解释，并将问题及时反馈至上级协调解决，实现“上情下达、下情上传”。

（5）多渠道推广应用微信群。开展扫码加群工作，台区经理深入乡村走街串巷，宣传微信群的功能与作用，推荐客户加入微信群，并鼓励客户邀请亲朋好友、街坊邻居加入微信群。对留守老人，台区经理则将其在外务工的亲属添加到微信群。在营业厅张贴台区经理微信二维码宣传页，或放置含有台区经理微信二维码的名片等，吸纳更多客户加入微信群。

（6）规范微信群管理。规范微信群名，明确应加入人员、发布内容及群管理员。群成员一律实名制。

（7）严肃微信群纪律。遵守国家相关法律法规和省公司要求，禁止发布涉密信息。群管理人带头遵守群规。

3.5.6 客户来信、来访、走访、投诉及回访处理

（1）供电所长是客户来信、来访、走访、投诉、回访接待和处理工作的第一责任人。

（2）对客户来信、来访、走访、投诉、回访中，严格保密制度，尊重客户意愿，对涉密信息予以保护。如所内员工泄密，一经查实，严肃处理。

（3）收到客户来信后，根据有关政策法规给予解释、答复或处理。对不明确或一时难以答复的事情，对无法在承诺期内调查处理完毕的事项，应耐心诚恳地做好解释工作。自收到来信时，在5个工作日内答复客户，做到件件有落实，事事有回音。

（4）客户来访时，应热情接待，认真听取客户的反映，并根据有关政策法规给予解释、答复或处理。对不明确或一时难以答复的事情，应耐心诚恳地做好解释工作，并在5个工作日内答复客户。客户离开时，应起身礼送，微笑道别。

（5）走访客户。

1）认真做好走访客户前的准备工作。走访前要精心准备，确定走访主题、内容、客户数量、客户类型等。

2）确定走访的客户须具有代表性，对大客户进行单独走访，听取社会各界、各类客户对用电及优质服务方面的意见和要求。

3）根据电力客户分类，由供电所长、副所长负责走访重要客户，台区经理负责走访所辖台区客户。

4）在供电所内确定不同层级的走访工作责任人及相应走访对象，走访工作责任人每月走访客户不得少于两次。

5）走访过程中，做好客户反映情况的笔录，记录要真实、详细、清楚，以免误解客户反映的问题，造成不良影响。对客户提出的问题和要求，现场予以解决；对现场不能解决的，做好解释工作，并在5个工作日内答复客户。

6）在走访过程中，宣传电力生产形势、电价政策、安全用电常识、新型业务，发放服务卡片并搜集客户联系电话等。

（6）投诉。

1）所长负责安排投诉的调查处理。处理客户投诉应以事实和法律为依据，以维护客户的合法权益和保护国有财产不受侵犯为原则。

2）供电所受理的各类投诉，应及时调查处理，在5个工作日内上报调查结果。

3）热情接待来访投诉客户，认真听取客户的反映，并根据有关政策法规给予解释、答复或处理。对现场不能解决的，做好解释工作，并在5个工作日内答复客户。

4）经调查确认是供电所人员失误造成的差错，应向客户道歉，及时纠正，并对相关责任人批评教育，对情节严重的，进行相应的经济处罚。对打击报复投诉人的行为，一经发现，严肃处理。

5）对隐瞒投诉情况或隐匿、销毁投诉件者，一经发现，严肃处理。

（7）回访客户。

1）建立客户回访制度。对供电所受理的业扩报装、故障抢修、投诉举报等客户，回访率达到100%。属于咨询类的，随机抽样30%进行回访。

2）综合班负责客户回访工作，客户回访以业务的实施程序、承诺兑现、服务质量及客户满意度为主。

3）对业扩报装客户电话回访，在供电方案答复后第一次回访，在装表接电后第二次回访。

4）对变更用电客户，在业务办理后电话回访；对故障报修客户，在受理故障报修次日电话回访；对投诉客户，在答复客户处理意见后3个工作日内电话回访；对服务举报客户，在答复客户处理意见后3个工作日内电话回访，并告知客户投诉、举报处理情况。

5）对变更联系电话的客户，由综合柜员向客户再次确认后，及时在营销业务系统内变更。

6）回访过程中，发现客户对处理结果不满意的，应及时上报供电所长处理。

7）回访须使用规范的服务用语，语言亲切、态度诚恳，掌握好沟通技巧。

8）对联系不到的客户，继续跟踪回访。

9）回访中，主动向客户做好电力企业形象和用电政策宣传。

10）按月统计客户回访情况，分析数据，分类总结，持续改进，不断提高服务质量。

3.6 综合值班岗制度

（1）在供电所设置综合值班岗，将供电所各类业务进行统筹调度、协同管控，实现日常工作秩序化。

（2）综合值班岗具备生产指挥、供电服务、指标监控、工单管控的核心管控职能，通过对核心业务、关键指标、工作质量的全过程管控，实现“营配合一、末端融合”，高效响应客户需求。

（3）综合值班岗职责。

1）负责供电所各类业务的发起和终结。

2）统筹调度本所各类资源，全面掌控业务过程，及时信息反馈，做到上传下达。

3）负责接收上级单位各专业管理延伸工作的安排。

4）负责安排各类施工现场安全监督等工作。

5）负责安排配合市政工程、农配网工程现场勘查和属地化协调，负责安排属地化运维工作。

6）负责处理供电服务指挥中心、营销稽查和各类系统派发的工单。

7）负责监测信息系统异常数据并派发工单进行处理，即线损异常、用电信息采集覆盖率、采集成功率、营配数据一致率、营销稽查异常数据、停复电处理、三相负荷不平衡、低电压、重过载台区等。

（4）综合值班岗根据工作需要对综合班和配电营业班进行派单，派单采取对班组派单和对班组成员指派两种模式。

1）对班组派单的工作。安全生产、营销服务等综合性工作，包括计划性工作、配合性工作、其他临时性工作等。

2）对班组成员指派的工作。系统异常数据紧急处理、客户报修。及时跟踪工单处理情况，并做好值班记录登记。由综合值班岗对供电服务工单进行抽查回访（回访数不低于工单数的二分之一）。

（5）综合值班岗每班值班人员3人，设1名负责人，原则上由所长、副所长、综合班班长担任，1～2名系统监控员，由运检技术员、客户服务员担任，实行“7×8”小时工作制。制订周值班表并公示，上报上级部门备案。值班期间，合并网格化服务值班电话。工作时间内严禁空岗、脱岗，值班期间严禁从事任何与工作无关的事项。

（6）值班期间按照工作台账、工作清单开展工作，认真填写值班记录，实行值班记录签字交接。

（7）值班人员要严格遵守值班纪律，不得擅离职守，并保持值班电话和个人手机畅通。值班期间，遇有处理难度较大的重大紧急事项、重要信息必须立即向所长报告，不得私自组织处理。

（8）综合值班岗每天应做好与夜间抢修值班人员在途工单的工作任务交接，认真填写值班记录并履行交接班签字，清扫值班卫生后方能交班。

（9）综合值班岗应妥善保存好工作过程中的相关资料，以便检查核实。

3.7 信息系统监控管理制度

（1）营销SG186业务应用系统监控。系统监控员每天登录营销业务系统，对业扩服务时限达标率、电费解款率、电费回收率、抄表流程完成率、0.4kV综合线损率、基础数据规范率等重点指标进行管控，筛查异常数据，同时接收上级发布的营销稽查系统异常业务数据。

（2）用电信息采集系统监控。

1）系统监控员每天登录用电信息采集系统，对采集覆盖率、采集成功率、台区同期线损合格率、费控执行成功率、客户档案正确率等重点指标进行管控，筛查异常数据。

2）系统监控员提取当日采集不成功表计信息，人工系统补录；每日下午三点前仍未提取成功的，系统监控员下发补采工单，台区经理负责执行工单，完成异常数据整改，系统监控员监控工单执行情况，下午五点前生成日报。

3）PMS2.0监控。运检技术员根据周工作计划，把运维计划管理、设备巡视、缺陷管理、工作票流转等纳入PMS2.0管理，督导、检查配电营业班执行情况。对异常数据实行日管控，每天登录PMS2.0，对配电变压器三相不平衡、配电变压器重过载、配电变压器低电压、配电变压器过电压、配电抢修工单时长等重点指标进行管控，筛查异常数据。

4）安监一体化平台监控。实行周管控，由安全质量员负责对供电所安全工器具管理、隐患治理、安全例会、安全活动等纳入安监一体化平台应用，并督导全体人员通过平台学习上级安全文件、安全事故通报。

5）协同办公系统。各岗位人员及时登录，处理待办事项。

6）异动数据处理。系统监控员对出现的异动数据，先进行系统处理，经检查确认须到现场处理的，上报综合值班岗负责人批准后派发工单。系统监控员做好工单监督落实，形成闭环管理。

7）系统监控员对供电所综合业务监控平台及业务系统的重要指标变化趋势和目标完成情况，定期分析总结，形成报告，为供电所提供管理支撑。

3.8 农排台区管理制度

（1）加强农排台区管理，责任落实到人，按照台区经理属地化管理原则，就近合理划分管理责任。

（2）建立健全农排台区档案，机井数量、线路长度及路径、设备容量、表计等信息齐备。

（3）农排台区标识及安全警示牌齐全，配电室门、配电箱柜门、分表控制箱门、机井控制箱门应分别加封、落锁，防范外部人员操作。

（4）台区经理每月巡视检查一次并做好记录，发现隐患及时处理。在抗旱期间加大巡视力度，严禁擅自退出农排台区剩余电流保护装置。

（5）农排台区表计纳入计量资产全寿命管理体系，表计的出入库、安装、拆回及报废按相关管理规定执行，确保现场和系统表计等信息档案完全一致。

（6）农排台区投运后，纳入供电所中低压线损考核，按抄表例日时限，完成电量提取，电费核算发行，实现台区线损同期管理。

（7）台区经理负责农排台区线损管理，定期检查巡视计量装置的运行、接线、电量异常客户，做好表计运行维护和现场补抄。

（8）新增农排台区按照正常业扩程序建档立户。

（9）农排台区在报停期间，每月进行一次预试充电，每次 8h 以上。

3.9　移动作业终端管理制度

（1）按照台区经理至少每两人一机的标准配置移动作业终端。

（2）客户服务员应建立移动作业终端台账，登记移动作业终端的名称、编号、号码、责任人等。

（3）由配电营业班班长负责日常保管。台区经理外出工作（夜间值班）须提前办理领用，使用完毕，应上交班组统一存放、充电。

（4）客户服务员应加强移动作业终端的培训使用和日常管理，定期检查移动作业终端使用情况，保证移动作业终端合格完好。

（5）台区经理使用移动作业终端应有保护措施，以防损坏，按规定对移动作业终端充电。

（6）移动作业终端使用前应检查是否良好，如有损坏，应及时修理或更换；发生人为责任的丢失，应照价赔偿。

（7）移动作业终端有关公司数据、用户资料要严格保密，禁止私自拷贝、留存。

（8）移动作业终端必须设置使用密码，不得随意授予他人，每三个月或特保前更换一次密码。

（9）客户服务员及时总结反馈使用情况，提出改进意见，提升信息化管理水平。

3.10　营配调贯通管理制度

（1）综合柜员负责新装客户计量柜（箱）、线箱关系、箱表关系、计量表库、充换电桩（站）、分布式电源等异动管理，负责基础资料收集并完成数据的变更及维护。

（2）客户服务员配合营销部门收集基础资料，维护采集终端和关口表计等新增、变更信息。

（3）运检技术员配合生产部门收集基础资料，维护线路和设备的新增、变更信息。

（4）系统监控员负责监控在运客户计量柜（箱）、线箱关系、箱表关系等异动，台区经理负责基础资料收集，综合柜员完成系统数据的变更及维护。

（5）在营业普查、用电检查、设备巡视中，发现线路、设备信息与系统不一致时，应及时更改、维护或上报。

（6）将营配调贯通治理工作纳入供电所绩效考核。

3.11 岗位轮换制度

（1）实行县公司（市郊区）后备干部、优秀人才到供电所挂职（岗）锻炼机制，丰富县公司管理干部基层工作经验，为乡镇供电所管理注入新血液新动力。

（2）县公司要将后备干部是否具有供电所工作经历作为选拔任用的重要条件，制订方案或计划，安排后备干部、优秀人才到供电所挂职（岗）锻炼。

（3）加大供电所长（或副所长）交流力度，原则上，供电所长（副所长）在同一个供电所的连续工作时间不得超过 5 年。

（4）综合班班长、配电营业班班长、台区经理实行定期交流。

3.12 所务管理制度

3.12.1 综合计划管理

（1）综合计划管理以完成生产经营目标责任制和加强专业技术管理为重点，实施年度、半年、季度、月度、周综合计划管理。

（2）生产经营目标主要包括安全生产、营销服务、量价费损等指标完成情况，专业技术管理主要包括安全管理、生产管理、营销管理、供电服务、教育培训等。

（3）根据上级重点工作安排和供电所管理实际，分解和制订目标任务，编制供电所工作计划。制订实施方案，定期分析总结，及时整改完善，确保工作计划落到实处。

（4）综合班班长负责工作计划的编制。编制工作计划要针对性强可操作、突出季节性特点和地域特征，明确责任人，明确质量和时限要求，定期总结上报完成情况。

（5）加强计划管理的过程管控。每周重点工作计划和每日工作安排应以工作看板形式予以公告和展示。以周计划周总结、月计划月总结为重点，做好计划落实工作，确保完成年度工作计划目标。

（6）年度生产经营指标的变更需上报上级单位，经批准后予以调整执行。

3.12.2 夜间抢修值班管理

（1）实行综合班、配电营业班联合值班，所长和综合班人员轮流带班。值班人员不少于3人，网格小组每组至少1人参与值班，恶劣天气或特殊时段应适当增配人员。夜班值班时间为当日下班时至次日上班时。

（2）值班期间要按规定着装，佩戴胸牌。值班电话应在铃响三声之内接听。严禁因私使用值班电话。值班人员不得离岗、脱岗、漏岗，严禁酒后值班。

（3）值班人员要详细记录客户咨询、报修等信息，并及时处理。对重要事项和特殊情况，值班人员应及时报告班长、所长。

（4）值班人员应严格执行交接班制度，严禁未履行交接班手续擅自离开工作岗位。交接班时，交接班人员须检查巡视交接物品（含安全工器具等）、公共卫生、安全状况等，办理交接手续。确属交班人员在值班期间不能处理完毕的事宜，应记录在值班记录待办事项中，由接班人员继续完成。

（5）带班人员负责管理抢修工器具柜、备品备件库等钥匙。

（6）月底前编制下达次月值班计划表。

3.12.3 考勤管理

（1）综合事务员负责本所考勤事务综合管理，并按月汇总本所员工的出勤、缺勤情况，经所长审核后及时报送上级部门。

（2）结合不同岗位的特点，采取适当的方式考勤，真实反映员工遵守劳动纪律的情况，确保考勤工作规范化和制度化。

（3）实行集中管理。工作日全部到供电所（供电服务站、抢修值班点）上班，实行 5×8 小时工作制和夜间抢修值班。

（4）凡规定的上班时点未到岗者，视为迟到；凡工作时间内提前离岗者，视为早退。

（5）以下情况视为旷工：

1）未请假或请假未被批准而未出勤者。

2）假期已满未续假或申请续假未被批准而超假者。

3）因本人违法行为被公安机关扣押拘留期间。

4）不服从组织调动和工作安排，调动后不按规定时间报到，又不办理请假手续者。

5）伪造、涂改请假手续者。

6）工作期间擅离职守者。

（6）考勤管理须建立请、销假制度。请假须按规定履行请假手续，经批准并交接工作后，方可离开工作岗位；假期结束返岗工作时，本人应在当日办理销假手续。

（7）一个月内，班组人员请假 2 个工作日以内，由班长批准；3～5 个工作日由所长批准，并报上级备案；5 个工作日以上，由供电所上级领导批准。如需续假，必须在请假到期前一日办理续假手续。

（8）请病假 5 个工作日及以上者，须凭医疗机构诊断证明办理请假手续。

（9）申请公休假、探亲假、产假、婚假、丧假（直系供养亲属）等，按照上级有关规定办理请假手续。

（10）加强考勤管理，对迟到、早退、旷工、无故脱岗者在绩效考核时应给予扣分。履行请假手续但未交清工作而造成严重后果的，应追究当事人和班长、所长责任。

（11）凡缺勤人员均须在考勤表中如实反映，如发现“两班”班长有隐瞒不报或弄虚作假的，除按规定对当事人处罚外，视情节追究班长的责任。

3.12.4 工作例会管理

（1）供电所长为工作例会的第一责任人。实行每日晨会、周工作例会、月工作例会制度。综合班负责会务管理。

（2）每日上班时召开晨会。总结前一天工作，通报设备运维、营销服务等指标完成情况，梳理分析异常数据，学习相关文件，安排当天工作。根据天气等因素调整当日值班人员。

（3）每周五召开周工作例会，总结本周工作，学习相关文件，通报各项指标完成情况，查找安全生产和营销服务工作中存在的问题，制订整改措施，安排下周工作，开展批评和自我批评，促进团结协作。

（4）每月末召开月度工作例会，总结本月工作，学习相关文件，通报各项指标完成情况，查找安全生产和营销服务工作中存在的问题，制订整改措施，安排下月工作，开展批评和自我批评，促进团结协作。

（5）周例会和月度例会包括安全分析、政治学习、民主生活、供电服务分析、供电所综合评价分析等方面。安全分析，学习安全规程、文件、事故通报等，分析安全形势、安全隐患，明确安全要求，吸取事故教训。政治学习，要按照上级单位政治学习计划，学习时事政治，开展思想教育，提高员工政治素质。认真开展批评和自我批评，查找差距，化解矛盾，促进团结。供电服务分析，学习供电服务形势和典型案例，分析抢修和非抢修类工单，通报服务情况，以案促改，提高优质服务水平。供电所综合评价分析，分析各项指标完成情况，查找差距，制订整改提升措施，提高供电所综合管理水平。

（6）根据上级部署、安全服务重大形势，需要学习贯彻的重要精神，临时安排会议。

（7）执行签到制度。应参会人员不得无故缺席、迟到，如有特殊情况，应事先向供电所长请假。参会人员自觉遵守会场纪律。

（8）会议结束后，现场记录人员应做好会议记录。

3.12.5 档案室管理

（1）客户服务员负责客户档案（纸质档案和电子档案）管理工作的指导、监督、评价和考核。

（2）严格遵守党和国家有关保密规定，妥善保管，不得丢失、损毁或擅自销毁，防止失密、泄密。非档案管理人员未经允许不得进入档案室。

（3）按照“谁受理、谁提供、谁负责”原则，按岗位负责收集客户档案。各岗位人员在处理营销业务时，按照工作标准要求，实时产生、及时收集。

（4）各岗位档案收集人员应保证客户档案的完整性、有效性、准确性，可视化质量符合要求，并在规定的时限内，将收集的档案移交客户服务员审查归档。

（5）纸质档案与电子档案同步整理、存档。纸质档案应确保有关签章真实、齐全，资料填写规范；移交时，应严格履行交接手续，注明资料名称、份数、张数、时间等事项。电子档案与营销业务应用系统、客户现场的信息应保持一致；电子档案应保证拍摄质量，不得出现页面倒置、倾斜、不全及背光、反光等现象。

（6）档案室应分区分类，归档时应摆放在相应区域内。高压客户档案按“一户一盒”归档存放，低压客户档案按台区统一归档存放，临时用电客户档案按月份归档存放，销户客户档案资料按销户年份归档存放。

（7）建立客户档案查询借阅制度，严格履行客户档案查询、借阅审批流程。

（8）客户档案借阅完毕后应按时归还，客户服务员应认真核查归还档案是否完好，并做好归还记录。凡发现客户档案遗失、毁损的，按有关规定处理。

（9）供电所内部人员借阅，应说明原因，并完整记录借阅时间、借阅客户档案名称、客户户号、数量等情况并签字确认。借阅时间一般不超过 2 个工作日。

（10）外部人员查阅，经审核查阅人有效证件和上级主管部门批复的查阅手续后，客户服务员方可允许查阅。查阅的内容须与公司批复的查阅手续一致。档案原件一般不出档案室外借，借阅采用现场抄阅或复制形式。

（11）客户服务员应定期巡视档案室，保持档案室环境卫生和档案资料的有序摆放；定期清理核对库存档案，及时修补和复制破损或变质的档案。

（12）建立已销户客户的档案鉴定和销毁工作制度，严格履行档案销毁鉴定、审批流程。已销户客户档案五年内不得销毁。

（13）凡符合规定应予以销毁的客户档案，发起销毁流程，经审批后予以销毁。销毁人员应在两人以上，并做好记录。

（14）客户服务员按照完整性、规范性、及时性，定期检查已归档的客户档案，及时发现问题并整改。

（15）建立客户档案管理责任追究制。因客户档案管理不规范导致档案遗失、损毁的，引发客户投诉或企业经营风险等情况，按有关规定追究相关责任人责任。

3.12.6 资料管理

（1）供电所资料是指按照专业管理要求，反映工作过程和结果的台账、记录、票据、报表、档案等材料，在供电所层面设立、整理或留存，实行分岗位存放。

（2）按照岗位设置、工作分工建立纸质、电子两种资料，推广基础资料电子化。

（3）各类资料应内容真实、格式规范、数据准确、种类齐全。

（4）做好保密工作，涉及公司商业机密和客户隐私的信息不得外泄。

（5）各岗位按时完成资料整理工作，供电所定期组织开展监督检查，确保资料及时、完整地整理归档。

3.12.7 卫生管理

（1）实行卫生区责任制。按照卫生责任制要求，保持办公区、综合保障区、员工文化区及公共区环境卫生。

（2）工作人员每天上班前打扫卫生，整理物品，室内外环境应保持清洁卫生。值班室和员工宿舍被褥清洁整齐。

（3）实行定置管理。各种物品定点定位存放，做到堆放有序，陈列整齐。员工个人车辆在规定地点整齐停放。禁止在所内堆放影响所容所貌、污染环境卫生的物品。

（4）室内外墙壁禁止乱贴乱画，乱钉乱挂，乱拉导线，保持门窗完整，玻璃无破碎。公共场合不准堆放私人物品。

（5）场地平整，排水系统完好，地面无积水。一律取消旱厕，厕所无异味。及时清理杂草、杂物，实现绿化、美化。

（6）台区经理负责台区电力设备设施及周边环境卫生管理。

（7）综合事务员每周开展一次所容所貌检查，发现问题及时通知责任人整改，并做好记录。

3.12.8 食堂管理

（1）遵守国家食品安全和餐饮服务方面的法律法规，规范食堂管理。

（2）供电所长是食堂管理第一责任人，定期开展食品安全和卫生检查。综合事务员负责日常食品采购、运输、储存、加工各环节管理和卫生管理。

（3）食堂工作人员须持有有效健康证，并定期体检。

（4）食堂工作人员不得留长发、长指甲，不许戴戒指、手链等饰品。操作前先洗手，工作时穿工作服、戴工作帽、戴口罩。

（5）食品、食堂用具采购应符合财务规定。

（6）食堂应具备齐全完好的洗涤、消毒、通风、防腐、防尘、防鼠、防蚊蝇、排风抽烟、排放污水、密闭垃圾容器等卫生设备和设施。

（7）食堂电气设备、燃气设备、设备转动部分等应符合有关安全、消防规程要求，食堂工作人员能够正确使用。

（8）食堂墙壁（墙裙）和地面要具备防水、防潮、可清洗条件。

（9）保持采购车辆清洁，运输冷冻食品应有必要的保温设备。

（10）所用食材符合食品卫生标准，确保新鲜卫生环保无害。

（11）食材食品应当分类、分架、隔墙、离地存放。生熟食品要分开存放，不接触或串味。定期检查处理变质或过期食品。

（12）食堂设备、设施、用具等实行定置管理，摆放整齐有序，无油腻、无灰尘，达到铁器无锈、物见本色。

（13）保持食堂内外整洁卫生，无卫生死角，无乱堆乱放杂物。随时清理餐桌，清洗餐具。每天清扫拖洗地板不少于 2 次，每周五开展一次彻底清扫，每月开展一次全面消毒。

3.13 培训管理制度

3.13.1 学习培训管理

（1）贯彻落实上级单位培训工作计划和要求，结合员工学历、技能和岗位工作需求，制订针对性强可操作的培训计划，扎实开展培训工作。

（2）供电所长（副所长）、安全质量员、运检技术员和客户服务员为兼职培训师，定期开展专业培训。

（3）加强转岗培训和新进员工岗前培训，经培训合格后，方能上岗。

（4）按照“干什么学什么、缺什么补什么”原则，采用“请进来”和“送出去”相结合等多种培训方式，开展培训。开展“师带徒”业务技术“传、帮、带”。每月至少组织一次集中培训，传达学习工作案例、电力法规、电力政策和安全生产、营销服务等专业知识，开展廉洁从业教育和案例警示教育。

（5）实行“逢训必考”，做好个人培训档案管理。

3.13.2 实训管理

（1）县公司（市郊区）应建设至少一个设施齐备、功能齐全的室内外实训场地，作为各供电所生产技能人员开展现场实操培训的场所。各供电所可因地制宜，建设简易实用的室内外实训场地。

（2）落实县公司和供电所培训计划，根据不同岗位特点，有针对性地开展实操培训，体现“安全、实用、规范、生动”原则。实训室应配备一名兼职管理员负责日常管理工作。

（3）实训项目设置应包括供电所常用系统应用、安全活动教育、新型业务拓展、安全生产、营销服务等内容。

（4）实训工作实行考勤管理。实训人员必须遵守培训纪律，无故不参加者，按旷工处理。

（5）实训现场等同于作业现场。开展实训前，应编制安全预案。实训人员年度《国家电网公司电力安全工作规程》考试合格，并被告知实训现场存在的危险因素、防范措施及事故紧急处理措施。进入实训场地，必须按《国家电网公司电力安全工作规程》及实训要求穿戴劳动保护用品。

（6）实训人员进入实训场地后，应主动维护场地干净整洁，未经允许不得擅自操作设备，实训期间要集中精力完成实训任务。

（7）实训人员应按照操作规程使用实训设备。实训设备通电前应检查接线是否正确，安全措施是否完备。使用仪器、仪表及工器具前，必须了解其性能，掌握其使用方法。操作过程应履行工作监护制度，防止发生人身、设备伤害。

（8）实训结束后，应切断所有电源，清理场地、整理资料（包括签到记录、考核情况记录、实训现场照片等)、评价效果。

3.14 上墙板面管理

3.14.1 办公区上墙制度

(1) 营业厅上墙板面见表3-1。

表3-1 营业厅上墙板面

序号	上墙清单	尺寸	备注
1	河南省电网销售电价表	长宽比4∶3,可根据墙体面积适当成比例调整尺寸	根据上级有关部门政策性调价及新业务开展及时印制并展示宣传资料
2	河南省电网峰谷分时电价表		
3	国家电网公司员工服务“十个不准”		
4	国家电网公司调度交易服务“十项措施”		
5	国家电网公司供电服务“十项承诺”		
6	营业厅员工介绍及社会监督员		
7	高压业扩报装流程		
8	低压业扩报装流程		
9	供电服务收费项目清单		
10	国家能源局河南监管办公室“12398”投诉举报热线		
11	台区经理网格化分布图		

(2) 所长办公室。供电所主要职责、供电所长岗位职责、供电所副所长岗位职责(选)、人员去向牌。

(3) 综合班办公室。综合班主要职责、综合班班长岗位职责、安全质量员岗位职责、运检技术员岗位职责、客户服务员岗位职责、综合柜员岗位职责、综合班成员介绍、人员去向牌。

(4) 配电营业班办公室。配电营业班主要职责、配电营业班班长岗位职责、台区经理岗位职责、配电营业班成员介绍、人员去向牌。

(5) 抢修值班室。值班管理制度、抢修管理制度、10kV地理接线图。

3.14.2 综合保障区上墙制度

(1) 备品备件库。备品备件库管理制度。

（2）安全工器具库。安全工器具库管理制度。

（3）施工工器具库。施工工器具库管理制度。

（4）表库。计量装置管理制度。

（5）食堂（操作间、餐厅）。食堂管理制度。

（6）档案室。档案室管理制度、资料管理制度。

（7）视频会议室。学习培训制度。

（8）培训室。实训室管理制度。

3.14.3 员工文化区上墙制度

（1）职工书屋。职工书屋管理制度。

（2）活动室。活动室管理制度。

4

常 用 工 作 流 程

4.1 综合计划管理流程

供电所综合计划应按照公司下达的年度重点工作任务，结合供电所实际，安排供电所年度（月度）安全生产、营销服务等核心业务和主要工作，见表4-1。

表4-1　　　　综合计划管理流程

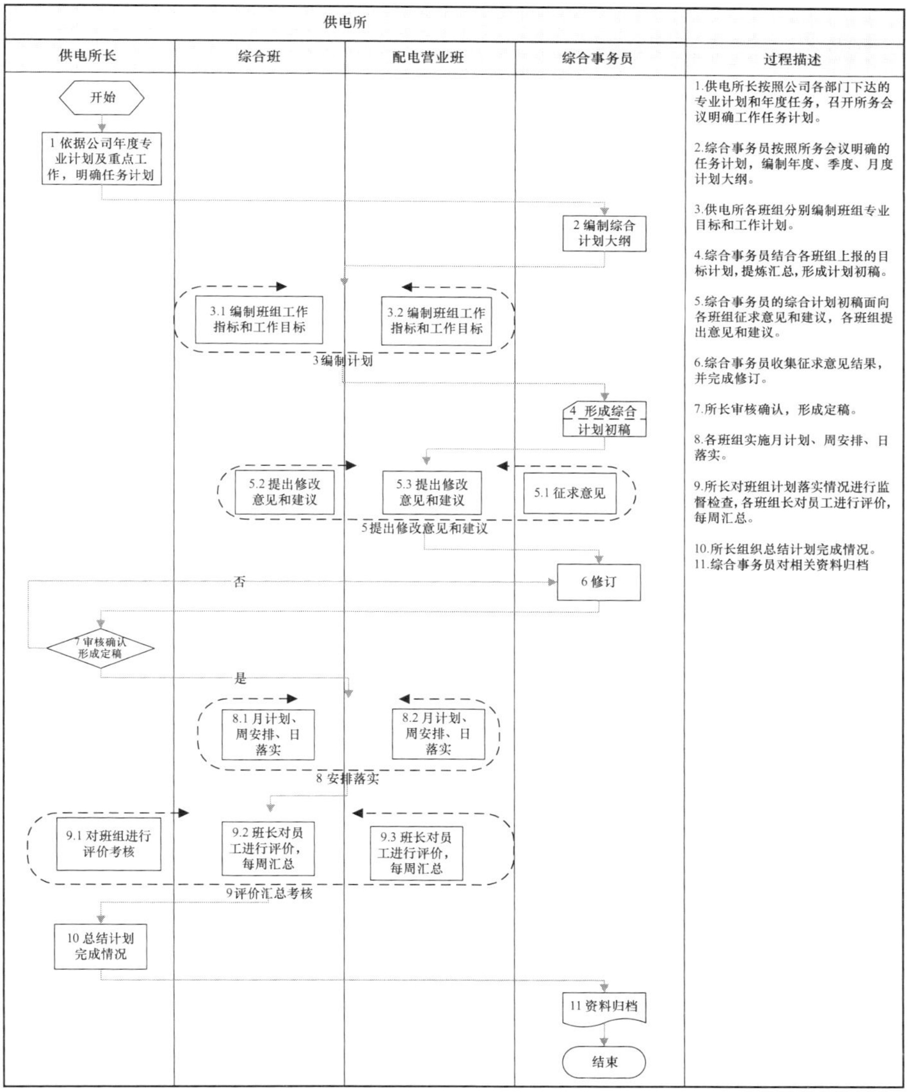

4.1.1 初稿编制

综合事务员按照所务会议通过的目标任务编制计划大纲。大纲包括各方面年度（月度）重点工作，突出核心业务，简要列示总体目标和目标值。综合班班长（“三员”）和配电营业班班长根据计划大纲编制工作目标、关键指标、时间节点、措施办法等，形成综合计划初稿。

4.1.2 征求意见

供电所全员审核综合计划初稿，提出建议和意见，并汇总反馈给综合事务员。

4.1.3 定稿公示

综合事务员甄选意见和建议，联系沟通相关人员，修订完善综合计划，经所长审核后形成定稿，经所务会议审核发布，同时报备上级管理部门。

4.1.4 安排落实

综合计划制订后，进入执行、考核阶段。执行和考核一般按月进行，对于阶段和年度任务及指标则按照实际情况进行。年度综合计划按照“月计划、周安排、日落实”的原则进行逐级分解落实。

4.1.5 考核管控

依据综合计划，按月对供电所全员的工作量、目标完成情况及指标完成值进行考核。综合事务员对相关资料进行整理归档。

4.2 营业厅舆情（防冲击）处理流程

市县公司应制订统一的舆情（防冲击）应对方案，见表4-2。

4.2.1 舆情发生

引导员发现客户有情绪激动、无理取闹、大声喧哗等不理智行为时，应立即联系综合班班长或所长，并耐心引导客户到适合的办公室座谈处理，避免影响营业厅业务办理；对于醉酒闹事、故意破坏等具有不确定伤害性的，综合班班长或所长应通知所内其他人员采取防范措施。根据事态情况，及时报警。

表 4-2　　　　供电所营业厅舆情（防冲击）处理流程

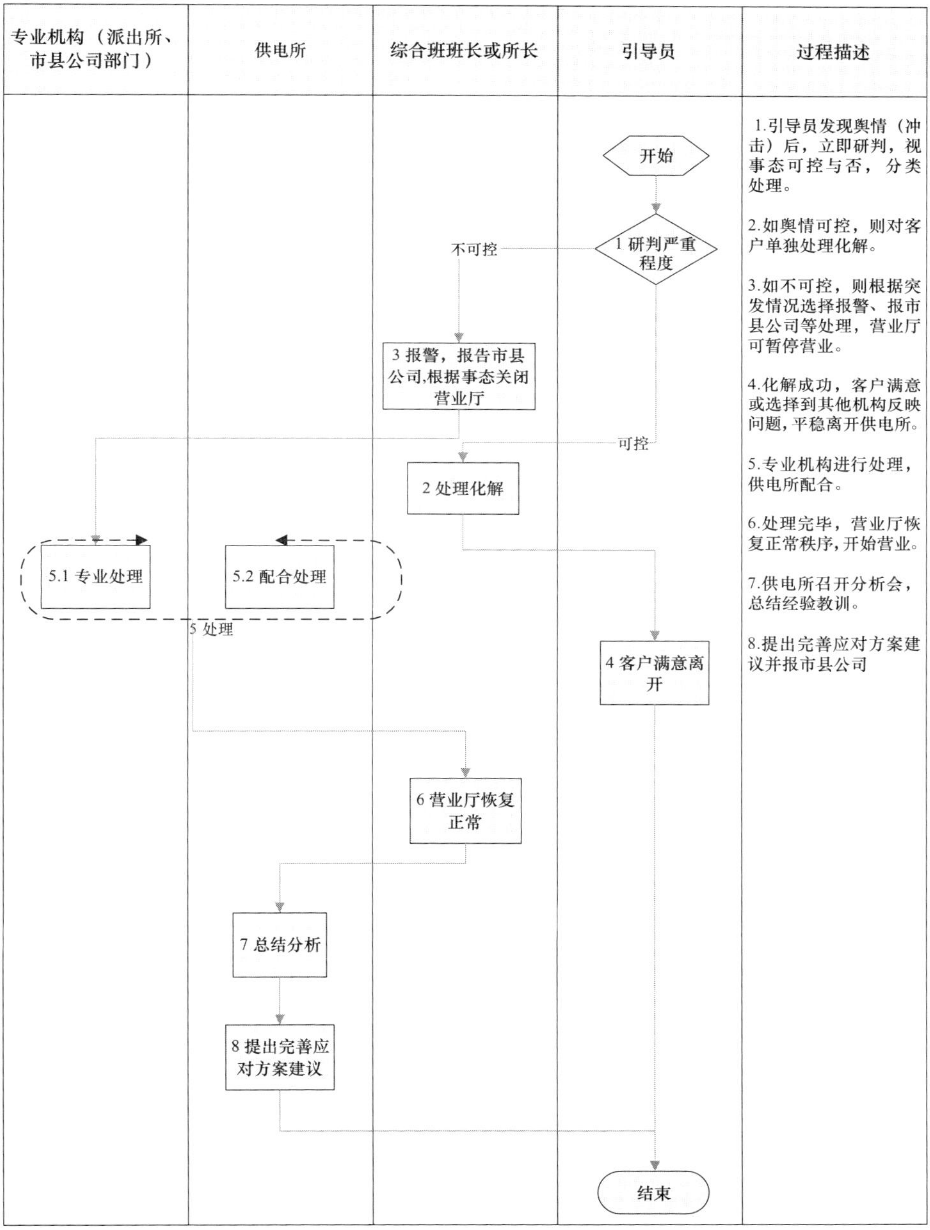

4.2.2　引导控制

引导控制的目的是保障人员安全、避免事态升级。供电所可根据实际情况，关闭营业厅暂停营业，待恢复正常后，再行营业。

综合班班长或所长将客户引导至单独办公室后，应尽量安抚客户，耐心解释，商讨问题解决办法或提出反映问题的渠道方式，使客户平静正常离开。

对于具有破坏性、人身伤害性的，应在保障自身安全的前提下等待警察处理，同时上报市县公司主管部门和主管领导。

4.2.3　结束

舆情（冲击）结束后，保存好现场影像资料。供电所应根据舆情（冲击）的严重程度召开分析会议，总结经验教训，提出完善应对方案建议，并报市县公司。

4.3　安全生产主要工作流程

4.3.1　工作票管理

工作票管理应严格遵守《国家电网公司电力安全工作规程（配电部分）》（试行）等有关规定，规范作业流程和内容，保证人身、设备安全，防止电力事故的发生，见表4-3。

4.3.1.1　工作票分类

根据工作现场、设备电压等级的高低、是否需要采取停电措施等不同情况，配电工作票分为配电第一种工作票、配电第二种工作票、配电带电作业工作票、低压工作票、电能表带电作业装（拆）工作票、配电故障紧急抢修单、其他书面记录或按口头、电话命令执行。

4.3.1.2　工作准备

所长（配电营业班长）根据供电所工作计划，确定执行检修（施工）工作。根据工作任务，编制具体检修（施工）方案，确定工作票签发人、工作负责人、工作许可人。

工作票签发人或工作负责人在检修（施工）工作实施前开展现场勘察工作，

表 4-3 工作票管理工作流程

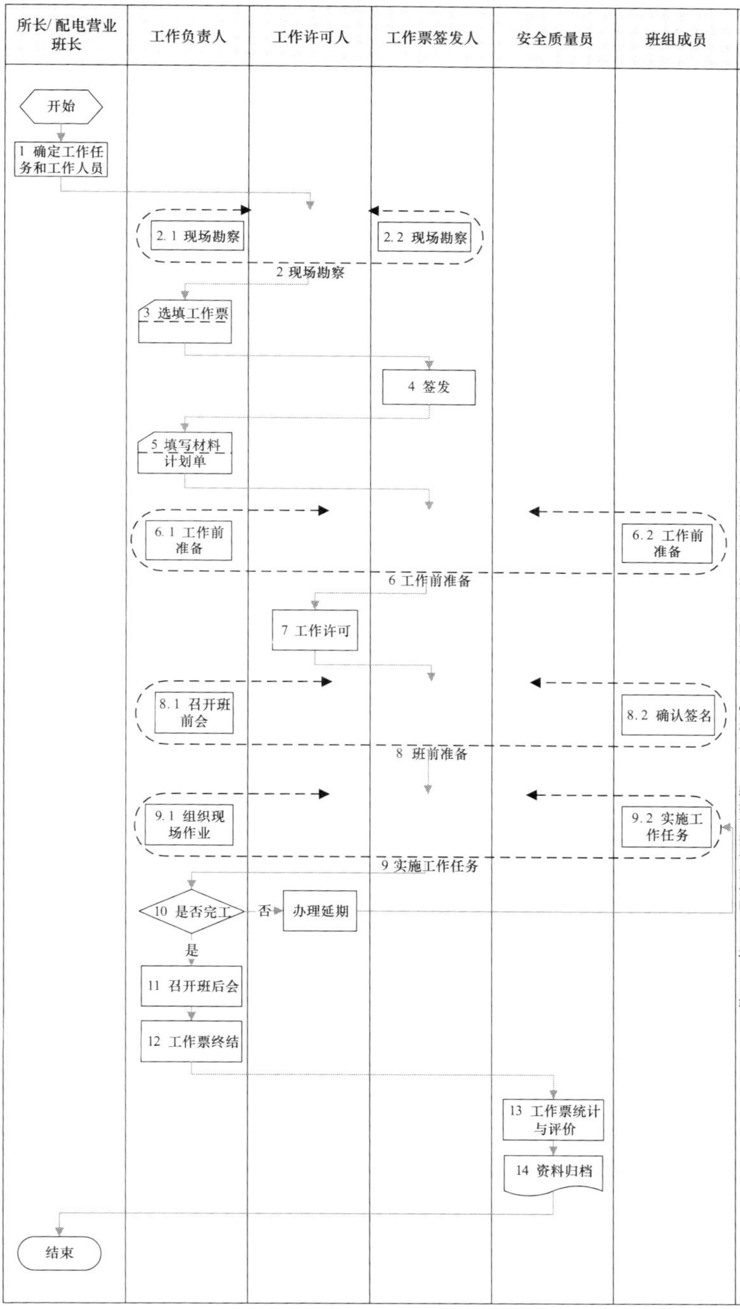

过程描述

1. 所长（配电营业班长）根据供电所工作计划，确定安排工作任务和工作人员。

2. 工作负责人、工作票签发人，在工作实施前开展现场勘查，进行危险点分析和预控，制订现场安全措施和注意事项。

3. 工作负责人根据现场勘查结果，选填工作票。

4. 工作票签发人确认工作的必要性和安全性，确认工作票上所列安全措施正确完备，确认所派工作负责人和工作班成员适当、充足，并完成工作票签发。

5~6. 工作负责人根据实际工作情况填写材料计划单，组织工作班成员根据工作票内容分别做好施工工器具、安全工器具、个人防护用品、材料和车辆等工作前的准备。

7. 工作许可人完成工作票所列现场安全措施。并对现场安全技术措施进行检查，确认符合安全要求后，向工作负责人许可工作。

8. 工作负责人作业前召开班前会，进行现场交底，完成“三交三查”（交工作任务、交作业风险、交预控措施；查工作着装、查精神状态、查安全用具），工作班成员履行签名确认手续后下达开始工作的命令。

9. 工作负责人组织工作班成员根据工作票工作内容和工作分工，实施工作任务。

10. 工作负责人进行完工检查和验收（工作质量、现场设备上没有遗漏工器具、确认人员撤离线杆、命令拆除接地线、检查现场文明施工等）。如果验收合格，则向工作许可人报告，完成工作票终结。如在计划工作时间内无法完成，需要延期的，应办理延期手续。

11~12. 工作负责人召开班会后，填写记录，完成工作票终结。

13~14. 安全质量员对工作票进行统计评价和资料归档

进行危险点分析和预控，制订现场安全措施和注意事项，作为填写、签发工作票的依据。工作负责人或工作票签发人根据现场勘察结果，完成工作票填写。工作票签发人确认检修（施工）工作的必要性和安全性，确认工作票上所列安全措施正确完备，确认所派工作负责人和工作班成员适当、充足，并完成工作票签发。

工作负责人、工作班成员根据工作票内容分别做好施工工器具、安全工器具、个人防护用品、材料和车辆等检修（施工）工作前的准备。

4.3.1.3　现场作业

工作许可人完成工作票所列由其负责的停电、验电、装设接地线等现场安全措施，并对现场安全技术措施进行检查，确认符合安全要求后，向工作负责人许可工作。工作负责人作业前召开班前会，进行现场交底，完成“三交三查”(交工作任务、交作业风险、交预控措施；查工作着装、查精神状态、查安全用具)，履行签名确认手续后下达开始工作的命令。工作班成员根据工作票工作内容和工作分工，实施工作任务。

工作负责人进行完工检查和验收（工作质量、现场设备上没有遗漏工器具、确认人员撤离线杆、命令拆除接地线、检查现场文明施工等）。验收合格，则向工作许可人报告，完成工作票终结，验收不合格需要整改，或在计划工作时间内无法完成，需要延期的，应办理延期手续。

4.3.1.4　总结归档

安全质量员对执行的工作票进行评价和存档工作，已终结的工作票（含工作任务单)、故障紧急抢修单、现场勘察记录至少应保存1年。

4.3.2　操作票管理

配电网倒闸操作应严格遵守《国家电网公司电力安全工作规程（配电部分)》(试行）等有关规定，规范操作流程和内容，落实防误闭锁装置管理要求，杜绝误操作事故发生，见表4-4。

4.3.2.1　操作前准备

所长（配电营业班长）根据供电所工作计划，确定安排工作任务和工作人员。

倒闸操作应按规定使用倒闸操作票，实行倒闸操作监护制度。事故应急处理、拉合断路器（开关）单一操作、程序操作、低压操作、工作班组的现场操作等工作可不用操作票。

表 4-4　　操作票管理工作流程

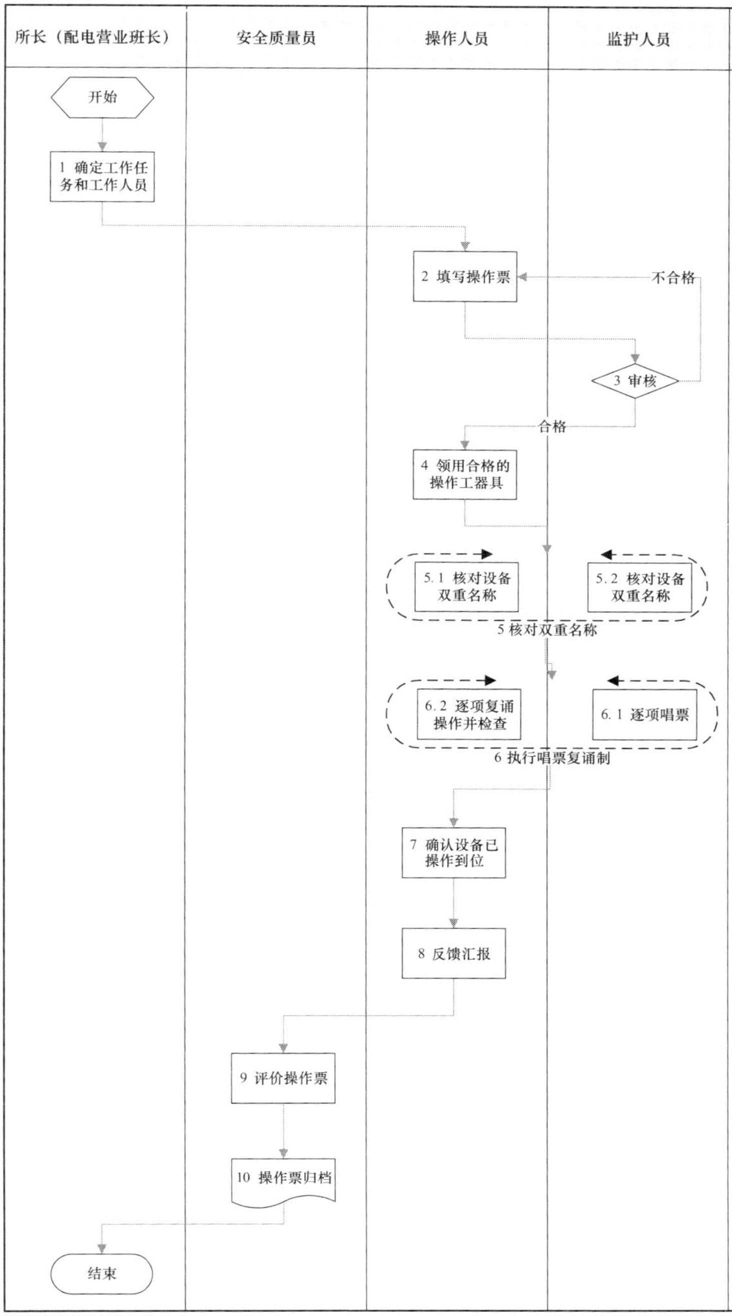

过程描述

1.由所长（配电营业班长）根据供电所月、周工作计划，确定安排工作任务和工作人员。

2.操作人员根据《国家电网公司电力安全工作规程》的要求,认真填写操作票。操作人和监护人应根据接线图或现场情况核对所填写的操作项目，并分别手工或电子签名。

3.监护人员对已开具的操作票进行审核。

4.操作人员根据操作项目和内容的需要，领取操作工器具，并检查工器具合格。

5.操作人和监护人到达现场后，应核对设备双重名称是否正确。

6.倒闸操作应由两人进行，一人操作，一人监护，并认真执行唱票、复诵制。操作人在监护人的监护下逐项复诵操作。

7.操作人检查确认设备已操作到位，检查设备是否已改变状态。

8.操作完毕后，操作人应将操作票执行情况汇报工作负责人和工作许可人。

9.由安全质量员对已完成的操作票进行评价。

10.由安全质量员对已完成的操作票进行归档

操作票由操作人员填写，监护人和操作人应根据接线图现场情况核对所填写的操作项目，操作票填写完成后由监护人进行审核，复杂操作应由配电网管理人员审核，审核通过后由操作人和监护人分别手工或电子签名。操作票票面上的时间、地点、线路名称、操作动词、设备双重名称等关键字不得涂改。

4.3.2.2　现场操作

操作人员根据操作项目和内容的需要，领取操作安全工器具，并检查工器具是否合格。具备遥控功能的开关原则上采用遥控操作，就地操作时优先采用电动操作。

倒闸操作应由两人及以上完成，一人操作、另一人监护，并认真执行唱票、复诵制。操作人在监护人的监护下逐项复诵操作，操作人在操作过程中不得有任何未经监护人同意的操作行为。与调度部门联系应使用专业术语，确保调度命令准确执行。操作前后应仔细核对设备名称、编号和断合位置，确认设备已操作到位，检查设备是否已改变状态。操作完毕后，操作人应将操作票执行情况汇报工作负责人和工作许可人。

倒闸操作中发生疑问时，不准擅自更改操作票，应立即停止操作，并向发令人报告，待发令人再行许可后方可继续操作。如发生严重危及人身安全情况时，可不经许可即行断开电源，但事后应立即报告值班调控人员及上级领导。

4.3.2.3　归档总结

安全质量员对已完成的操作票进行评价并归档，操作票一式两份，所有操作票均应保存1年。

4.3.3　“两措”管理

落实“两措”（反事故措施、安全技术劳动保护措施）是为了消除设备的重大缺陷，提高设备的可靠性，改善劳动环境，防止伤亡事故，预防职业病。供电所应结合实际情况加强“两措”管理，见表4-5。

4.3.3.1　计划落实

按照县公司“两措”工作要求，结合供电所实际情况制订“两措”计划，并报县公司相关部门审核批准后认真落实。“反措”计划应根据国家电网有限公司颁布的防止电力生产重大事故的重点要求、安全性评价结果及上级机关颁发的反事故技术措施。“安措”计划应包含安全工器具和安全设施、教育培训和宣传、人员伤亡应急处理预案的演练、安全监察工作必须的设备和装备、安全信息网络平台建设等。

表 4-5 “两措”管理工作流程

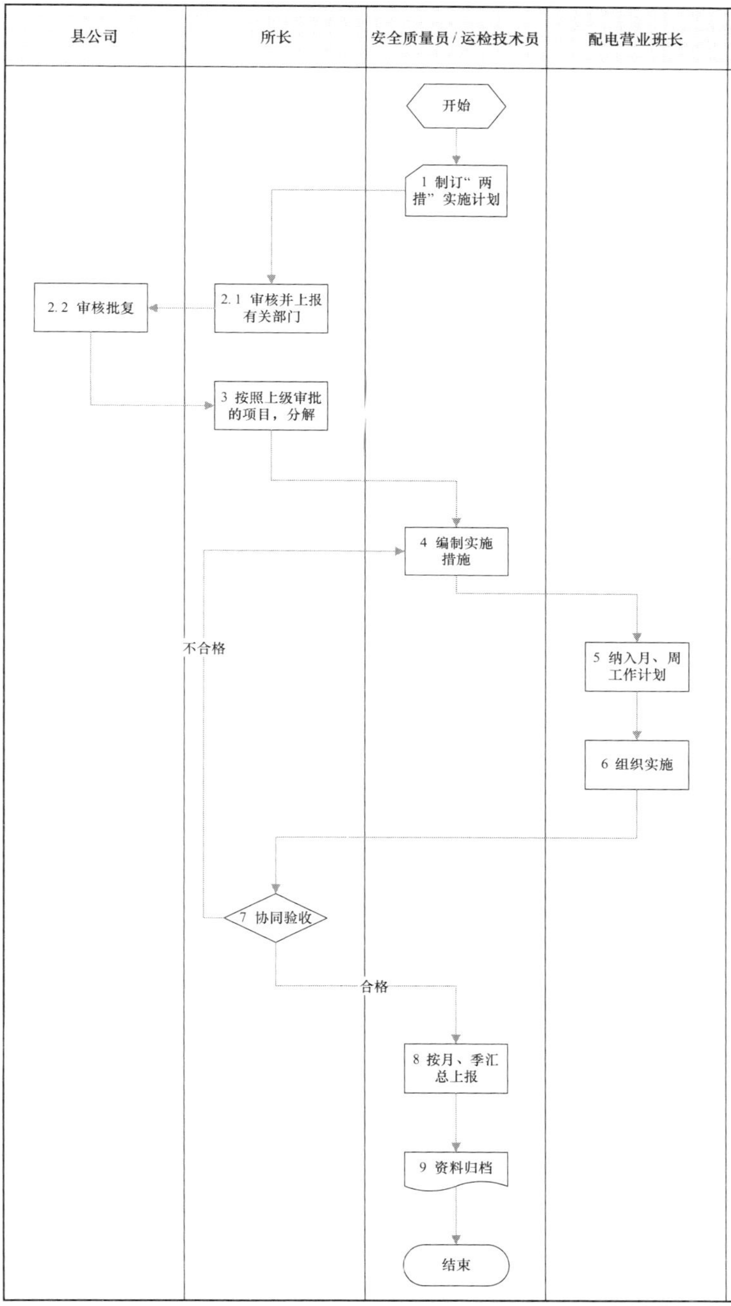

过程描述

1.由安全质量员、运检技术员根据上级相关部门对“两措”工作要求和供电所实际情况，制订“两措”实施计划，并上报所长审核。

2.由所长根据安全质量员、运检技术员上报的计划进行审核并报上级有关部门审批。

3.所长根据上级批准的“两措”工作项目，进行分解。

4.由安全质量员、运检技术员编制实施措施。

5.根据编制的“两措”实施措施,由配电营业班长安排月、周工作计划。

6.根据月、周工作计划,由配电营业班长组织人员实施。

7.对已完工的“两措”工作项目，由所长协同上级部门进行质量验收。如不合格，则重新纳入“两措”计划进行整改；如合格，进行月、季汇总。

8.对已通过验收的“两措”工作项目，由安全质量员、运检技术员进行按月汇总，并上报上级有关部门（所长）。

9.由安全质量员、运检技术员进行资料归档

4.3.3.2　组织实施

安全质量员、运检技术员根据上级批准的“两措”工作项目，编制具体实施计划。配电营业班长根据本所编制的“两措”实施计划，安排月、周工作计划，并组织人员实施。安全质量员、运检技术员应对“两措”计划执行情况进行详细分析和跟踪，确保在规定的期限内完成所承担的“两措”计划项目。供电所按照竣工一项申报一项的原则，及时向上级部门汇报“两措”完成情况。一般项目完成后，由项目责任人组织验收并进行效果评估；对于重大安措项目，应由上级部门会同项目责任人开展竣工验收及效果评估。“两措”计划项目验收报告及效果评估应汇总至上级部门备案。

4.3.3.3　总结归档

安全质量员、运检技术员对已通过验收的工作项目进行归档。

4.3.4　安全工器具管理

安全工器具管理必须符合国家和行业有关安全工器具的法律法规、强制性标准、技术规程以及国家电网有限公司相应规定，并严格执行采购、领用和保管维护规定，见表4-6。

4.3.4.1　申报采购

根据供电所安全工器具使用情况，由安全质量员提出并编制安全工器具需求，所长审核并提交上级单位相关部门审批、采购。

4.3.4.2　领用入库

安全质量员对领用的安全工器具进行外观检查，然后送安全工器具检测中心进行安全试验。预防性试验合格后，由检测机构在合格的安全工器具上（不妨碍绝缘性能、使用性能且醒目的部位）牢固粘贴“合格证”标签或可追溯的唯一标识，并出具检测报告。

合格的安全工器具入库后应建立管理台账，及时登记安全工器具的规格、数量、检验、变更等情况，做到账、卡、物一致，试验报告、检查记录齐全。不合格的安全工器具由安全质量员负责向县公司相关部门清退，并重新编制需求，履行领用、送检、入库手续。

4.3.4.3　保管维护

安全质量员负责安全工器具的配备、保管、使用、试验及检查等工作。

表 4-6　　安全工器具管理工作流程

<table>
<tr><th>所长</th><th>安全质量员</th><th>过程描述</th></tr>
<tr><td colspan="2">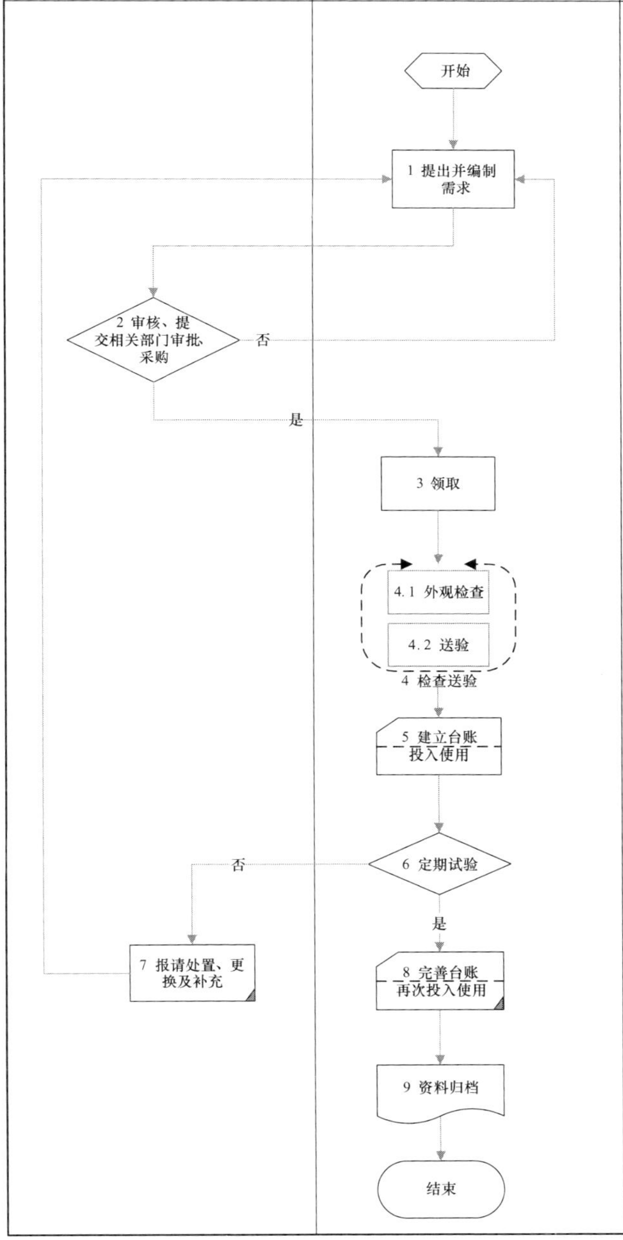
</td><td>1.根据供电所安全工器具使用情况,由安全质量员提出并编制安全工器具需求。

2.所长对安全工器具需求表进行审核，并提交相关部门审批、采购。

3~4.安全质量员向上级物资部门领取已采购的安全工器具，进行外观检查，送安全工器具检测中心进行安全试验。

5.合格品由安全质量员建立台账、入库。

6~7.安全质量员对安全工器具按期进行送检。试验合格,则正常使用；对试验不合格的，报请进行处置更换，并列入计划进行补充。

8~9.安全质量员同步完善台帐，对相关资料进行归档</td></tr>
</table>

安全工器具应单独建库存放，温度、湿度及通风环境符合标准要求。安全工器具在保管及运输过程中应防止损坏和磨损，绝缘安全工器具应做好防潮措施。

安全工器具的定期试验严格按《国家电网公司电力安全操作规程》规定的试验周期执行。由安全质量员按期对安全工器具进行送检。如试验合格，试验结果应记录到台账上，并正常使用；如试验不合格，或发现缺陷且无法修复，则予以报废、更新。

4.3.5 安全工器具出入库管理

安全工器具出入库管理应制订规范的领用、使用、入库、检查维护管理制度，并严格执行，见表4-7。

4.3.5.1 领用

工作负责人（许可人）凭工作票、操作票向安全质量员领用安全工器具，安全质量员和工作负责人（许可人）共同检查安全工器具的外观和质量，并确认在试验有效期内，方可出库，安全质量员做好出库登记工作，严禁使用不合格的工器具。

4.3.5.2 使用

工作过程中，安全工器具使用人员应正确使用安全工器具，并对工器具的完好性负责。

4.3.5.3 入库

工作负责人（许可人）应在相关检修（施工）工作实施完毕后，清洁整理工器具，第一时间归还工器具。安全质量员和工作负责人（许可人）在归还时，应共同检查确认，检查合格的返库存放，不合格的应单独存放，标记“禁用”标识，停止使用，安全质量员做好入库登记工作。

4.3.5.4 检查维护

安全质量员应定期对工器具进行全面检查维护，做好检查维护台账记录；对发现不合格或超试验周期的应隔离存放，标记“禁用”标识，停止使用。安全质量员应定期对工器具台账进行复核，提出建议。

4.3.6 施工工器具管理

施工工器具管理必须符合国家和行业有关施工工器具的法律法规、强制性标准和技术规程以及国家电网有限公司相应规定，并严格执行配置、领用和保管维护规定见表4-8。

表 4-7 安全工器具出入库管理工作流程

安全质量员	工作负责人(许可人)	过程描述
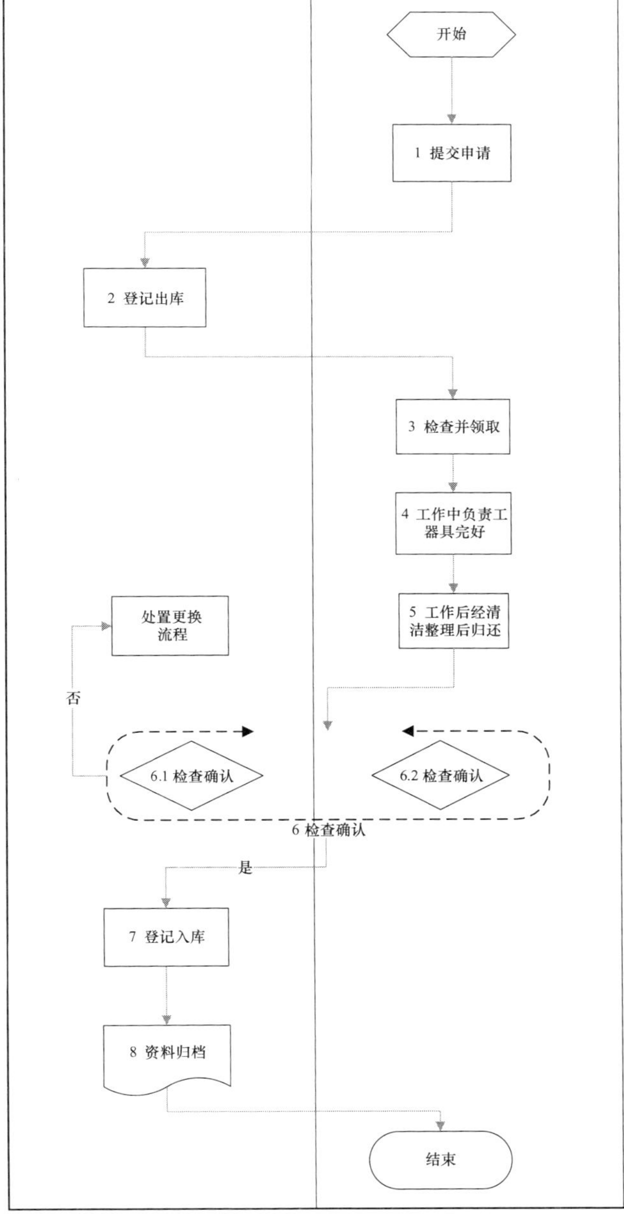		1.根据检（抢）修、工程实施情况,由工作负责人（许可人）提出工器具领用申请。 2.安全质量员登记出库。 3.工作负责人（许可人）领取并检查工器具。 4.工作过程中工器具使用人员有义务对工器具的完好性负责。 5.作业施工完毕后，工作负责人（许可人）应及时向安全质量员归还工器具。 6.安全质量员、工作负责人（许可人）在工器具入库前共同检查工器具。 7.安全质量员对已检查合格的工器具按规定入库。 8.安全质量员对工器具使用情况进行资料归档

表 4-8　　　　　　　　施工工器具管理工作流程

所长	运检技术员	过程描述
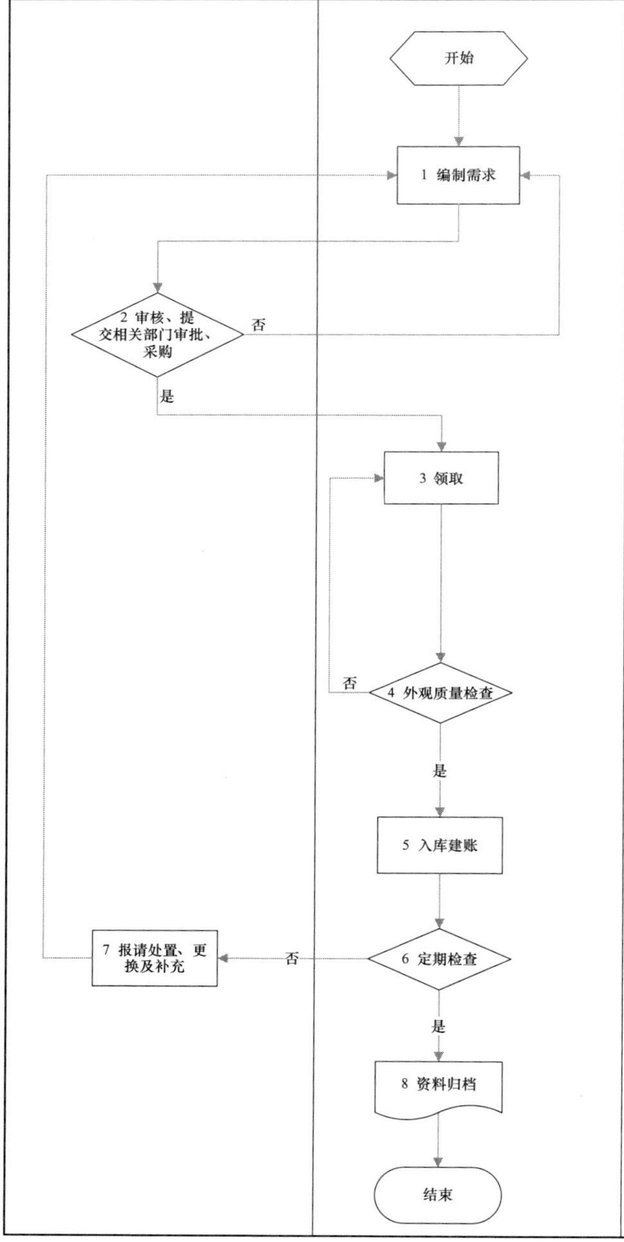		1.根据供电所施工工器具配置标准和业务需求,运检技术员编制需求。 2.所长审核施工工器具需求。 3~4.运检技术员向上级部门领取已采购的施工工器具，进行外观质量检查。 5.合格品入库、建立台账。 6.运检技术员按期检查施工工器具。 7.不合格的，供电所长报请处置更换，并列入计划进行补充。 8 运检技术员完善台账，归档相关资料

4.3.6.1 申报需求

根据供电所施工工器具配置标准和业务需求，运检技术员编制施工工器具需求，所长审核并提交相关部门审批、采购。

4.3.6.2 领用入库

运检技术员对领用的施工工器具进行质量外观检查，合格的施工工器具入库后应建立管理台账，及时登记施工工器具的规格、数量等，做到账、卡、物一致，不合格的施工工器具由运检技术员负责向县公司相关部门清退，并重新编制需求，履行领用、入库手续。

4.3.6.3 保管维护

运检技术员负责施工工器具的配备、保管、使用、检查等工作。

施工工器具应单独建库存放，温度、湿度及通风环境符合标准要求，运检技术员应定期检查工器具状况及其附属配件数量，保持工器具状态良好随时能用，工作负责人应凭经所长审核的需求单领用相应施工工器具，运检技术员做好出入库登记。

施工工器具出入库管理流程参照安全工器具出入库管理流程。

4.3.7 备品备件管理

备品备件是满足供电所设备消缺、事故抢修而储备的一定数量的物资材料，见表4-9。

4.3.7.1 定额核定

备品备件定额可根据供电所设备运行状况及日常运维检修情况，由供电所编制，报上级主管部门审批，或直接由上级部门核定。

4.3.7.2 计划制订

运检技术员应保证备品备件随需随用，及时采购补充，满足定额要求。

4.3.7.3 入库登记

运检技术员应及时向物资部门领用备品备件，现场核对备品备件的型号、质量、数量，妥善保管有关生产厂家的合格证、图纸等资料，签字登记后，完成入库。备品备件应单独建账分类存放。

4.3.7.4 日常管理

运检技术员应履行领用、回退手续。备品备件的领用、回退须由工作负责人填写使用原因并核对型号、质量、数量。

表 4-9 备品备件管理工作流程

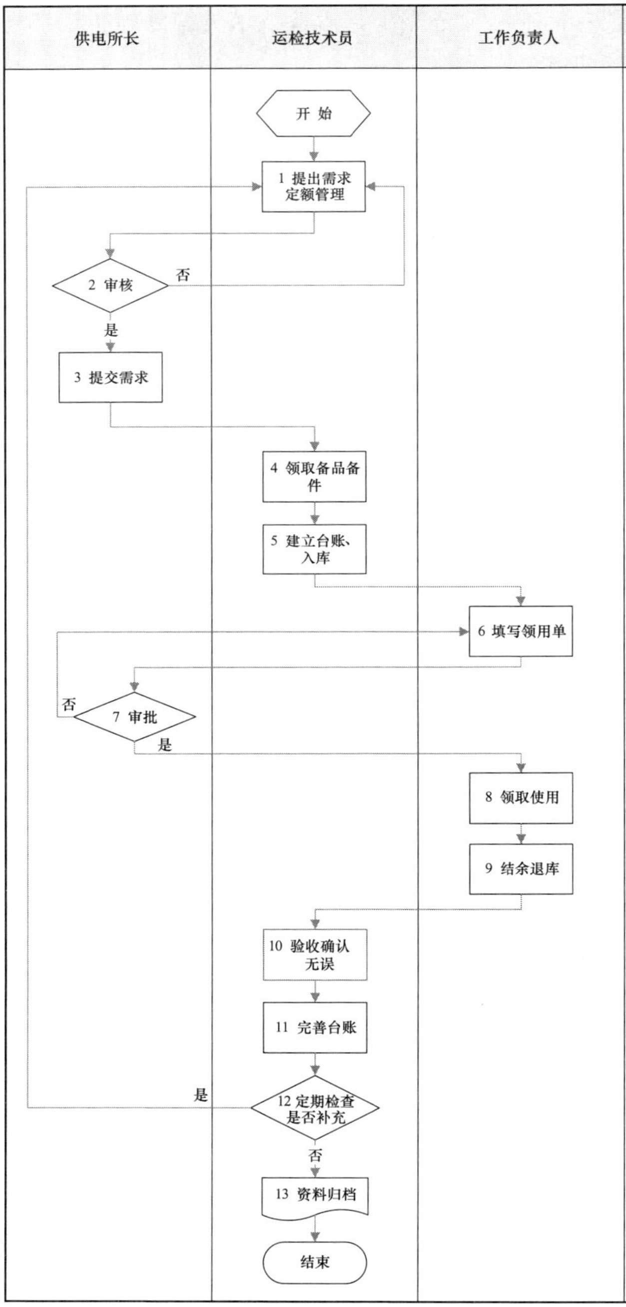

过程描述

1~2.根据供电所备品备件使用情况,由运检技术员提出需求，报供电所长审核。

3.供电所长审核后报市县公司相关部门审批、采购。

4.运检技术员向上级部门领取备品备件。

5.运检技术员履行入库手续，建立台账。

6~8.工作负责人在领用时，需填写领用单，经供电所长批准后，方可使用；未经批准，不得出库。

9~11.工作负责人对结余物资及时退库，运检技术员核对所退物资品种、规格、数量，确认无误后入库，并完善台账。

12.运检技术员定期检查备品备件,判断库存是否充足。当库存数量低于定额标准时，由运检技术员编制补充需求。

13.运检技术员归档资料

运检技术员应定期检查备品备件的质量和数量。质量不合格的备品备件应及时清理，库存数量不满足定额标准的应由运检技术员提出补充需求计划，经供电所长审核后提交相关部门审批、采购。

4.3.8 剩余电流动作保护装置管理

低压电网分级装设剩余电流动作保护装置是减少或防止发生人身触电伤亡事故的有效措施之一，也是防止由漏电引起电气火灾和电气设备损坏的技术措施，见表4-10。

4.3.8.1 计划编制

供电所长根据低压电网运行情况、剩余电流动作保护装置配置情况等，制订安装、运行维护工作任务。台区经理根据工作安排，落实现场安装、运行、试验、消缺及更换任务。

4.3.8.2 运行管理

供电所应建立剩余电流动作保护装置台账，记录保护装置各项参数和运行、试验、消缺、更换情况。台区经理定期操作试验按钮，检查其动作特性是否正常。雷击活动期和用电高峰期应增加试验次数，一般每月至少进行一次试跳，每年至少进行一次特性测试。如定期试验不合格或装置运行中遇有异常现象，则进入缺陷处理流程。

剩余电流保护装置动作后，经检查未发现动作原因时，允许试送电一次。如果再次动作，应查明原因找出故障，不得连续强行送电，必要时对其进行动作特性试验。经检查确认保护装置本身发生故障时，应及时更换。

配电营业班班长每月组织检查分析剩余电流保护装置使用情况，特别是对保护装置的投运率、跳闸情况、故障情况等进行分析总结，安排运维工作。

4.3.8.3 更换调试

剩余电流动作保护装置更换应充分考虑供电方式、供电电压、系统接地形式及保护方式，保护装置的形式、额定电压、额定电流、短路分断能力、额定剩余动作电流、分断时间应满足被保护线路和电气设备的要求。采用不带过电流保护功能且需辅助电源的剩余电流保护装置时，与其配合的过电流保护元件应安装在剩余电流保护装置的负荷侧。保护装置的接线工艺和施工要求应符合相关规程。

表 4-10　　剩余电流动作保护装置管理工作流程

供电所			
安全质量员	配电营业班班长	台区客户代表	过程描述
（见下方流程图）			1.配电营业班班长根据月度工作任务制订巡视计划。 2.安全质量员对巡视计划进行审批。 3.配电营业班班长按照计划进行派工。 4.台区经理对保护装置进行巡视检查并判断异常。一般每月至少进行一次试跳，每年至少进行一次特性测试。如定期试验不合格，则进入缺陷处理流程，更换保护装置；如试验合格，则相关数据记录归档。 5.台区经理对保护装置的运行、试验、消缺、更换等信息进行记录并归档

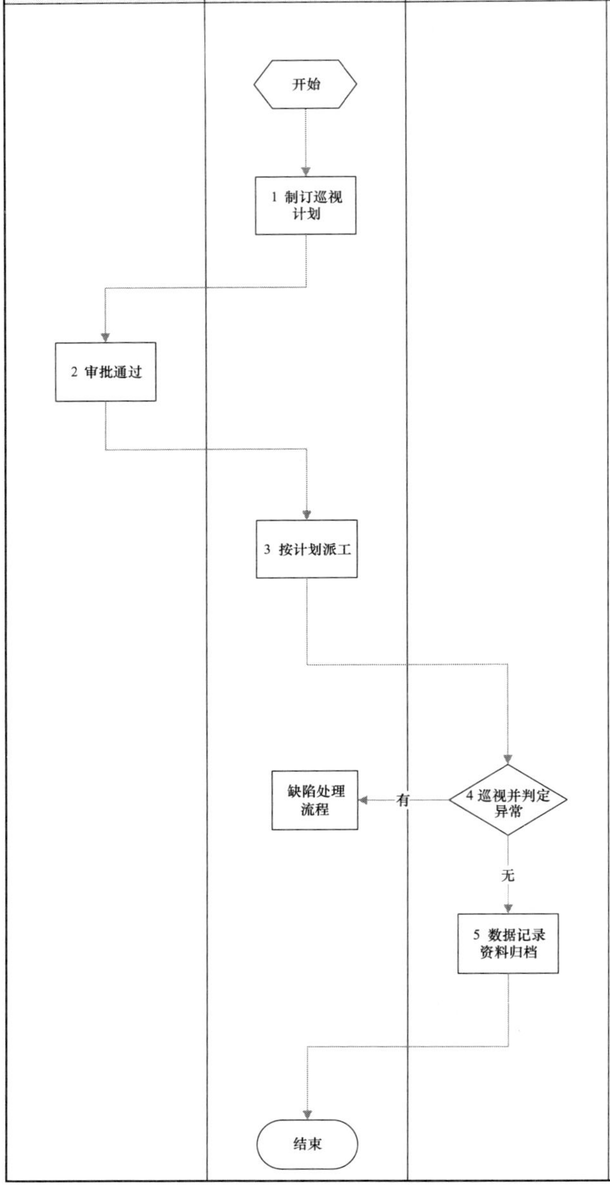

4.3.9 配电线路设备巡视管理

供电所根据配电线路设备在电网中的重要程度以及不同区域、季节、环境特点，采取定期巡视、特殊巡视、夜间巡视、故障巡视、监察巡视等方式，开展设备巡视管理，见表 4-11。

4.3.9.1 计划制定

运检技术员结合配电线路设备、设施运行状况和气候、环境变化情况及上级运维管理部门的要求，编制巡视计划报供电所长审批，并按计划组织开展巡视工作。

4.3.9.2 现场作业

配电营业班班长组织巡视人员召开班前会，布置任务，明确分工，做好记录等作业前准备工作。巡视发现一般缺陷不涉及安全的，可由巡视人员进行现场维护和缺陷处理；发现线下植树、建房、取土等影响配网安全运行的隐患，应立即实施劝阻或制止，并下达安全隐患整改通知书；发现重大缺陷的，应按设备缺陷分类标准和处理流程进行缺陷消除；发现紧急缺陷时，应立即向配电营业班班长汇报，并按故障紧急处理程序做好消缺工作。

巡视人员应对设备巡视的现场情况进行详细记录。巡视记录应包括气象条件、巡视人、巡视日期、巡视范围、线路设备名称及缺陷情况、缺陷类别，施工情况、存在外力破坏可能的情况、交叉跨越的变动情况以及初步处理意见等。

4.3.9.3 总结归档

供电所应利用多种信息化手段，减轻维护工作量，确保资料的及时、准确、完整。巡视工作完毕后，由配电营业班班长组织巡视人员召开班后会，总结分析巡视工作，并将相关巡视资料报送运检技术员。运检技术员记录和分析巡视工作质量及发现的缺陷隐患，并完成资料归档。

4.3.10 配电线路设备缺陷处理

缺陷是指配电线路设备本身及影响配电网安全、经济和可靠运行的异常或隐患。缺陷的发现与消除应优先采取不停电作业方式，实行影像化管理，见表 4-12。

表 4-11　配电线路设备巡视管理流程

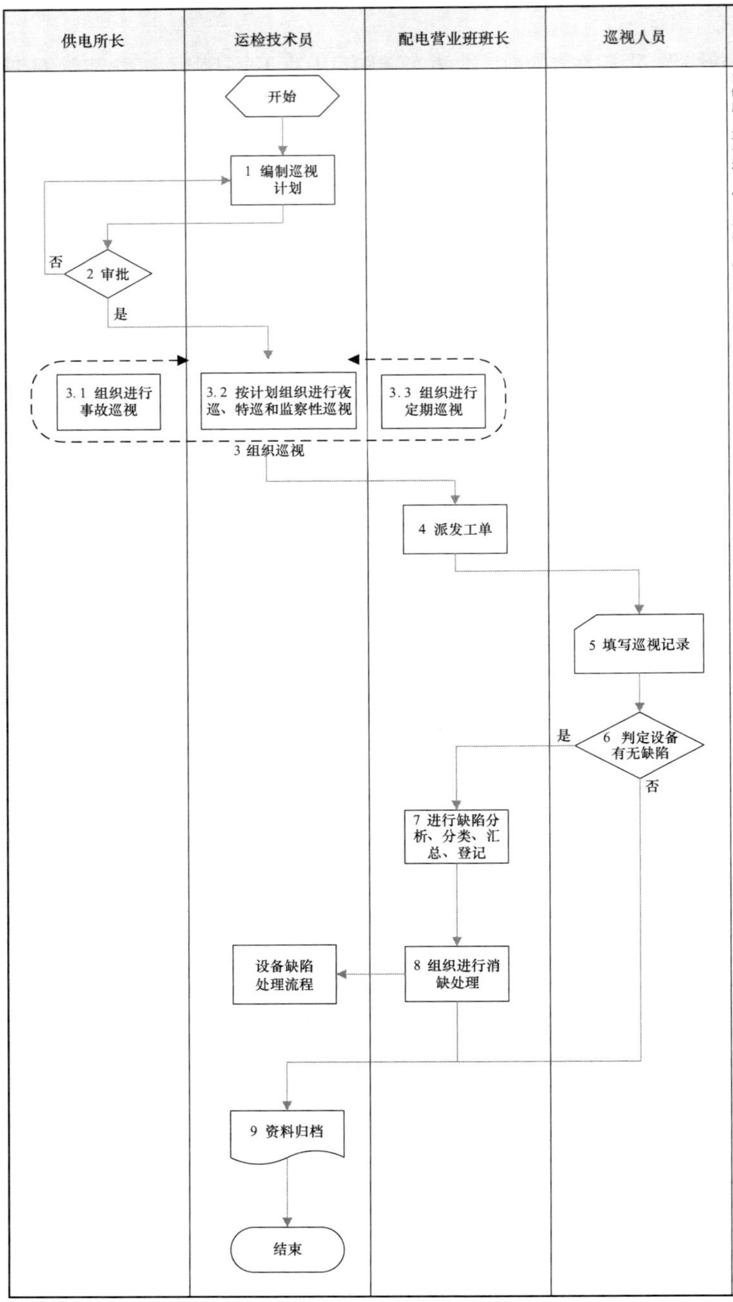

过程描述

1~2.根据工作任务安排，由运检技术员编制设备巡视计划，编制完成后报送供电所长审批。

3.供电所长、运检技术员、配电营业班班长按计划分别组织开展事故巡视、夜间巡视、特殊巡视、监察巡视、定期巡视。

4.配电营业班班长组织巡视，下发工单。

5. 巡视人员对现场设备进行巡视，填写巡视记录。

6.巡视人员判断设备运行状况是否良好。如设备运行有异常，将异常情况上报配电营业班班长，对一般缺陷并不涉及安全的，可由巡视人员进行现场处理维护。

7.配电营业班班长进行缺陷分析、分类、汇总、登记。

8.配电营业班班长按设备缺陷处理流程组织进行消缺处理。

9.运检技术员记录和分析巡视工作质量及发现的缺陷隐患，完成资料归档

表 4-12 配电线路设备缺陷处理工作流程

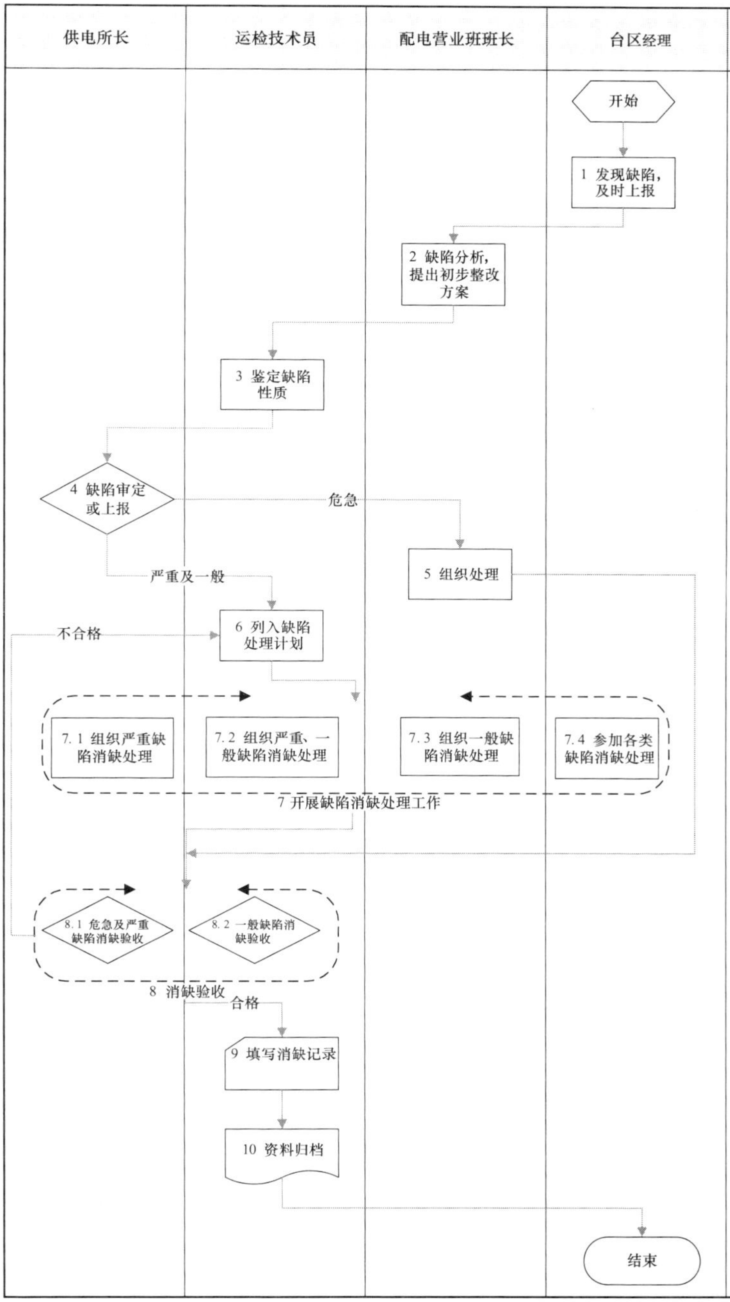

过程描述

1.台区经理发现设备缺陷,做好记录并上报配电营业班班长。

2.配电营业班班长分析设备缺陷,提出初步整改方案。

3.运检技术员对缺陷定级：危急缺陷、严重缺陷、一般缺陷，并根据缺陷形成的原因编制缺陷报告。

4.供电所长审定缺陷报告，超出供电所缺陷处理范围的报上级部门处理。

5.配电营业班班长组织处理危急缺陷。

6.运检技术员将供电所长审定的严重及一般缺陷列入消缺计划。

7.供电所长组织严重缺陷的消缺工作。运检技术员、配电营业班班长组织开展消缺工作,分解工作任务,完成消缺任务。

8.供电所长或运检技术员组织消缺验收。如缺陷处理不合格，则重新纳入整改计划。

9~10.消缺验收合格后，运检技术员总结分析缺陷处理情况，统计上报处理结果，完成资料归档

4.3.10.1 消缺准备

台区经理发现设备缺陷，及时做好记录并上报配电营业班班长。班长对设备形成的缺陷进行分析，并提出初步整改方案。运检技术员应根据相关规定进行分类和分级：紧急缺陷、重大缺陷、一般缺陷，并根据缺陷形成的原因编制缺陷报告。紧急缺陷消除时间不得超过24h，重大缺陷应在30天内消除，一般缺陷可结合检修计划尽早消除，但应处于可控状态。运检技术员、配电营业班班长开展状态评价，确定缺陷整改方案，报供电所长审批，配电营业班执行消缺任务。超过供电所缺陷处理范围的，报上级运检部门处理。

4.3.10.2 缺陷处理

配电营业班班长根据消缺任务编制周工作计划，分解工作任务，组织开展现场缺陷处理。工作完成后，运检技术员组织消缺验收，合格的，总结分析缺陷处理情况，统计上报处理结果；不合格的，重新纳入整改计划。

4.3.10.3 资料归档

运检技术员及时更新缺陷台账、记录，完成资料归档。

4.3.11 事故抢修（故障报修）管理

事故抢修管理遵循“安全第一、快速响应、综合协同、优质服务”的原则，见表4-13。

4.3.11.1 抢修准备

抢修人员接收抢修指令，根据故障信息判断故障类型，准备抢修车辆、物资、工器具等。

4.3.11.2 现场抢修

抢修人员到达现场后，向下发指令人员汇报到达时间，查找故障点，汇报故障原因、停电范围、停电区域及预计恢复时间。

抢修人员应尽快隔离故障，属调度管辖的设备，需调度值班员下达指令，抢修人员方可进行倒闸操作，隔离故障。简单故障由抢修人员现场直接处理，复杂故障由现场抢修人员上报配电营业班班长，判断故障抢修规模，并视实际情况上报供电所长处理。抢修工作应严格执行《国家电网公司电力安全工作规程》有关规定，使用事故应急抢修处理单或工作票。

表 4-13　　事故抢修（故障报修）管理工作流程

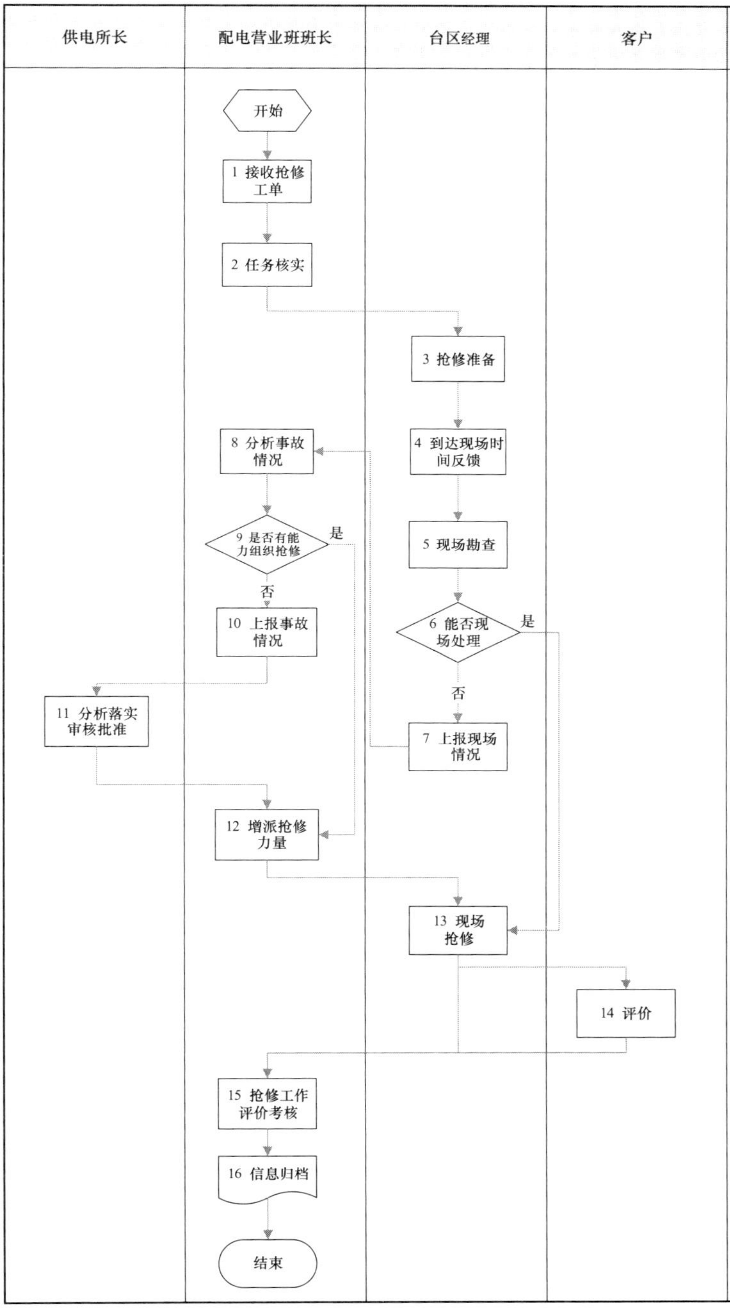

过程描述

1.配电营业班班长接收抢修工单。

2.配电营业班班长核实抢修工作任务。

3.台区经理抢修准备工作:备品备件、安全工器具、施工工器具、车辆等。

4.台区经理应及时反馈抢修人员姓名和数量、到达事故现场的时间、事故所处位置、事故现场安全情况等。

5.台区经理到达现场时应进行现场勘查：现场事故隔离、事故设备产权判定、抢修职责范围判定、非产权事故客户沟通。

6、13.台区经理勘查现场，判断能否现场处理。如能处理，则立即抢修。

7.台区经理勘查现场，如不能处理，则向配电营业班班长上报现场情况。

8~10、12.接到台区经理要求增派抢修力量的报告后，配电营业班班长应分析事故情况，判断班组是否有能力组织抢修。如有能力，则增派力量，开具抢修单开展现场抢修；如没有能力，则向供电所长上报事故情况。

11.供电所长分析判断事故，落实人员开展抢修。

14.客户对抢修（报修）工作进行评价。

15.配电营业班班长评价考核抢修工作质量。

16.配电营业班班长归档资料

4.3.11.3　结果汇报

故障处理完毕后，抢修人员向下发指令人员汇报处理结果。对于调度管辖的设备，需调度下达指令，抢修人员方可恢复送电。

4.4　营销服务主要工作流程

4.4.1　低压客户新装（增容）管理

客户向供电企业申请新装（增容）用电时，供电企业应及时受理客户申请，并在规定时限内完成现场勘察、现场装表接电等工作，见表 4-14。

4.4.1.1　业务受理

综合柜员通过营业柜台、掌上电力 APP、95598 网站等渠道，台区经理现场通过移动作业终端受理客户申请，提供办电预约上门服务。在一个工作日内完成资料审核，并将资料上传。

4.4.1.2　现场作业

现场勘察应重点核实客户负荷性质、用电容量、用电类别等信息，结合现场供电条件，初步确定供电电源、计量、计费方案，并填写现场勘察单。业扩接入引起的低压电网新建、改造等配套工程应与客户工程同步实施、同步投运。

台区经理按照国家标准、行业标准、规程等，对受电工程进行全面检验。对于发现缺陷的，应以书面形式一次性告知客户，复验合格后方可接电。

竣工检验合格后，台区经理应与客户签订《低压居民供用电合同》及《智能缴费用户电费结算协议》，并完成采集终端、电能计量装置的安装。

4.4.1.3　资料归档

台区经理在装表接电后，配合完成生产系统和营销系统内营配数据的更新维护。综合柜员完成资料收集整理和归档工作。

4.4.2　高压新装（增容）业务

客户向供电企业申请高压新装（增容）用电时，供电企业应及时受理客户申请，并在规定时限内完成现场勘察、方案答复、竣工验收、合同签订、现场装表接电等工作，见表 4-15。

表 4-14　　　低压客户新装（增容）管理工作流程

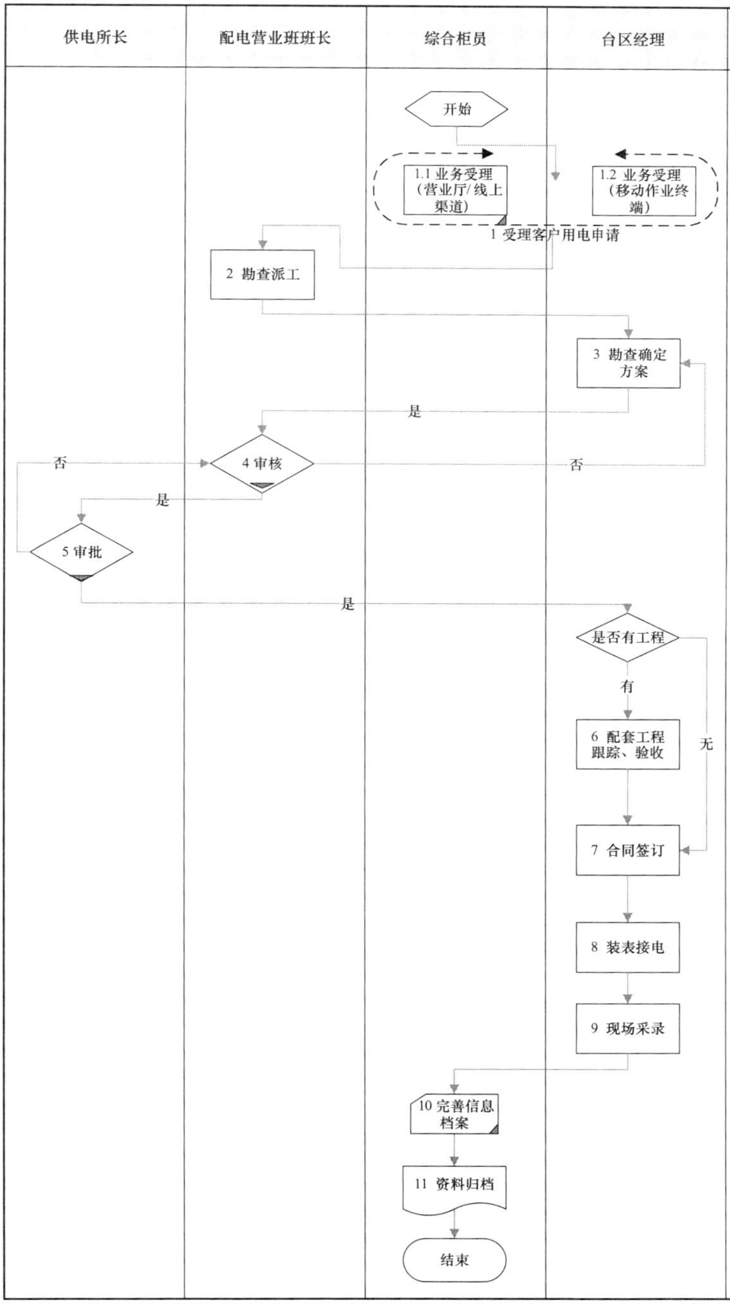

过程描述

1.综合柜员通过营业厅或线上渠道、台区经理通过移动作业终端受理低压居民客户新装（增容）用电申请。

2.配电营业班班长将勘查任务分派给台区客户代表。

3.台区经理勘查现场是否满足供电条件，判断是否有配套工程。

4.配电营业班班长审核。

5.供电所长审批。

6.如有配套工程，台区经理及时跟踪、验收。

7.台区经理完成合同签订。

8.具备装表条件后，台区经理完成装表接电工作。

9.台区经理配合完成相关数据录入（修改），确保营配数据一致。

10.综合柜员完成信息系统中信息归档。

11.综合柜员归档资料

表 4-15　　　　　　供电所高压新装（增容）工作流程

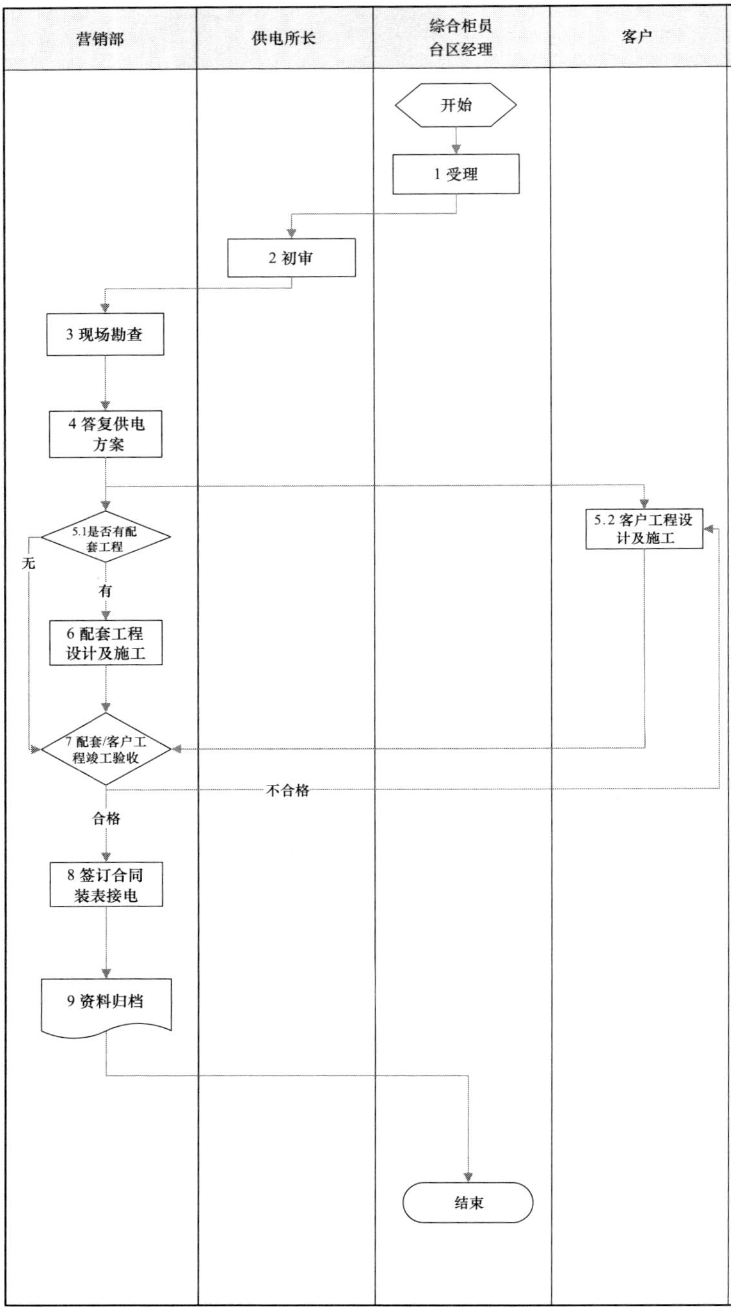

过程描述

1.综合柜员或台区经理受理客户用电申请后，一次告知客户业务办理的所需资料和相关注意事项。

2.供电所长初步审核客户报装申请。

3.营销部组织开展现场勘查和收资。

4.营销部答复供电方案。

5.营销部确定是否有配套工程，客户委托有资质的单位进行设计、施工。

6.如有配套工程，营销部开展配套工程设计及施工。

7.营销部组织开展竣工验收。

8.营销部与客户签订供用电合同，完成装表接电。

9.营销部归档客户资料

4.4.2.1 咨询受理

综合柜员或台区经理受理客户用电申请，经供电所长初步审核后，应当一次告知客户业务办理的所需资料和相关注意事项。资料齐全的，当场确认受理，相关信息录入系统，并流转到营销部；资料不齐全的，联合营销部预约上门服务并现场收资。

4.4.2.2 中间环节

营销部组织完成现场勘察、供电方案答复，客户委托有资质的单位设计、施工，施工结束后由营销部组织竣工验收，验收合格后与客户签订供用电合同及相关协议，实施装表接电。

4.4.2.3 资料归档

营销部对客户资料实行电子化存档管理。资料归档前，对客户的电气设备信息、账务联系人姓名、联系电话再次确认，保证营销系统中信息与实际一致。

4.4.3 低压分布式电源新装

分布式电源项目分为全部上网、全部自用、自发自用余电上网三种。供电所受理客户申请，并在规定时限内完成现场勘察、方案答复、竣工验收、合同签订、现场装表接电等工作，见表 4-16。

4.4.3.1 业务受理

供电所负责低压分布式电源并网服务咨询、受理、并网的全业务办理。

综合柜员通过营业柜台、掌上电力 APP、95598 网站等渠道，台区经理通过移动作业终端受理客户申请。

4.4.3.2 现场作业

根据受理信息，台区经理预约客户勘查时间，确定供电电源、计量、计费方案，填写现场勘察单，制订接入方案。业扩接入引起的低压电网新建、改造等配套工程应与客户工程同步实施、同步投运。

工程竣工后，营销部组织并网验收，对于发现缺陷的，应以书面形式一次性告知客户，复验合格后方可接电，签订发用电合同、并网调度协议，组织并网运行。

4.4.3.3 资料归档

台区经理在装表接电后，配合完成生产系统和营销系统内营配数据的更新维护。综合柜员完成资料收集整理和归档工作。

表 4-16　　　　低压分布式电源新装工作流程

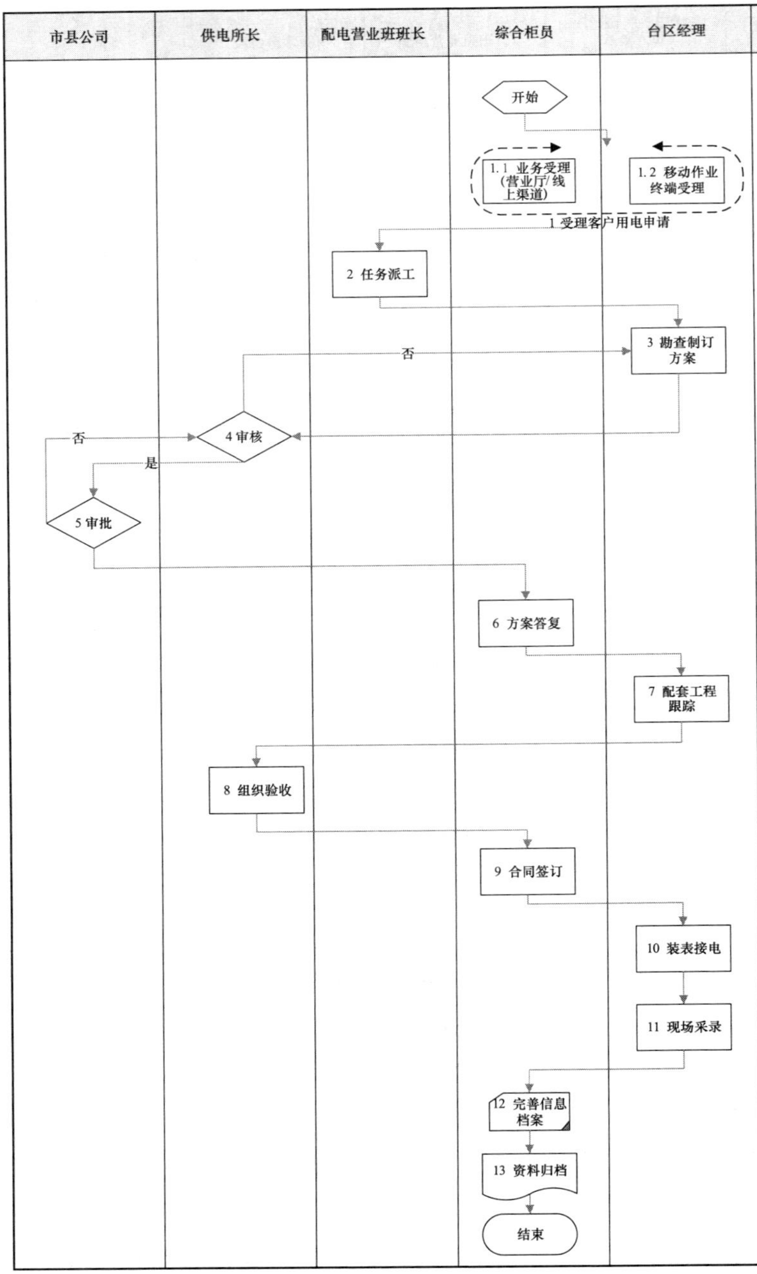

过程描述

1.综合柜员、台区经理受理低压客户新装分布式电源申请，审核资料齐全后发起流程。

2.配电营业班班长将勘查任务分派给所辖台区客户代表。

3.台区经理现场勘查是否满足供电（接入）条件，并制订初步接入方案。

4.供电所长审核接入方案。

5.营销部完成接入方案及系统流程审批。

6.综合柜员答复客户接入方案。

7.台区经理跟踪配套工程进展情况。

8.供电所长组织现场验收。

9.台区经理完成合同签订。

10.具备装表条件，台区经理完成装表接电工作。

11.台区经理配合完成相关数据录入（修改），确保营配数据一致。

12.综合柜员完成信息系统中信息归档。

13.综合柜员完成资料归档

4.4.4 低压充电桩新装

供电所受理客户申请，并在规定时限内完成现场勘察、方案答复、竣工验收、合同签订、现场装表接电等工作，见表 4-17。

4.4.4.1 业务受理

供电所负责低压充电桩服务咨询、受理的全业务办理。

综合柜员通过营业柜台、掌上电力 APP、95598 网站等渠道，台区经理通过移动作业终端受理客户申请。

4.4.4.2 现场作业

现场勘察应重点核实客户负荷性质、用电容量、用电类别等信息，结合现场供电条件，确定供电电源、计量、计费方案，并填写现场勘察单。业扩接入引起的低压电网新建、改造等配套工程应与客户工程同步实施、同步投运。

台区经理按照国家、行业标准、规程和客户竣工报验资料，对受电工程部分进行全面验收。验收过程应重点检查是否存在超出电动汽车充电以外的转供电行为，充换电设施的电气参数、性能要求、接口标准、谐波治理等是否符合国家或行业标准。若验收不合格，提出整改意见，待整改完成后复检。

台区经理在竣工检验合格后与客户签订《低压供用电合同》，并完成采集终端、电能计量装置的安装。

4.4.4.3 资料归档

台区经理在装表接电后，配合完成生产系统和营销系统内营配数据的更新维护。综合柜员完成资料收集整理和归档工作。

4.4.5 违约用电、窃电管理

采取系统筛查和现场排查相结合的方式，常态化开展违约用电、窃电查处工作，重点监控、核查停用变压器电量异常、超容量用电、专用变压器电量异常和台区线损浮动异常等数据，依法依规查处违约用电及窃电行为，见表 4-18。

4.4.5.1 业务发起

综合班根据系统筛查和现场排查情况，发现疑似违约用电及窃电客户，及时向配电营业班派发工单。

表 4-17 低压充电桩新装工作流程

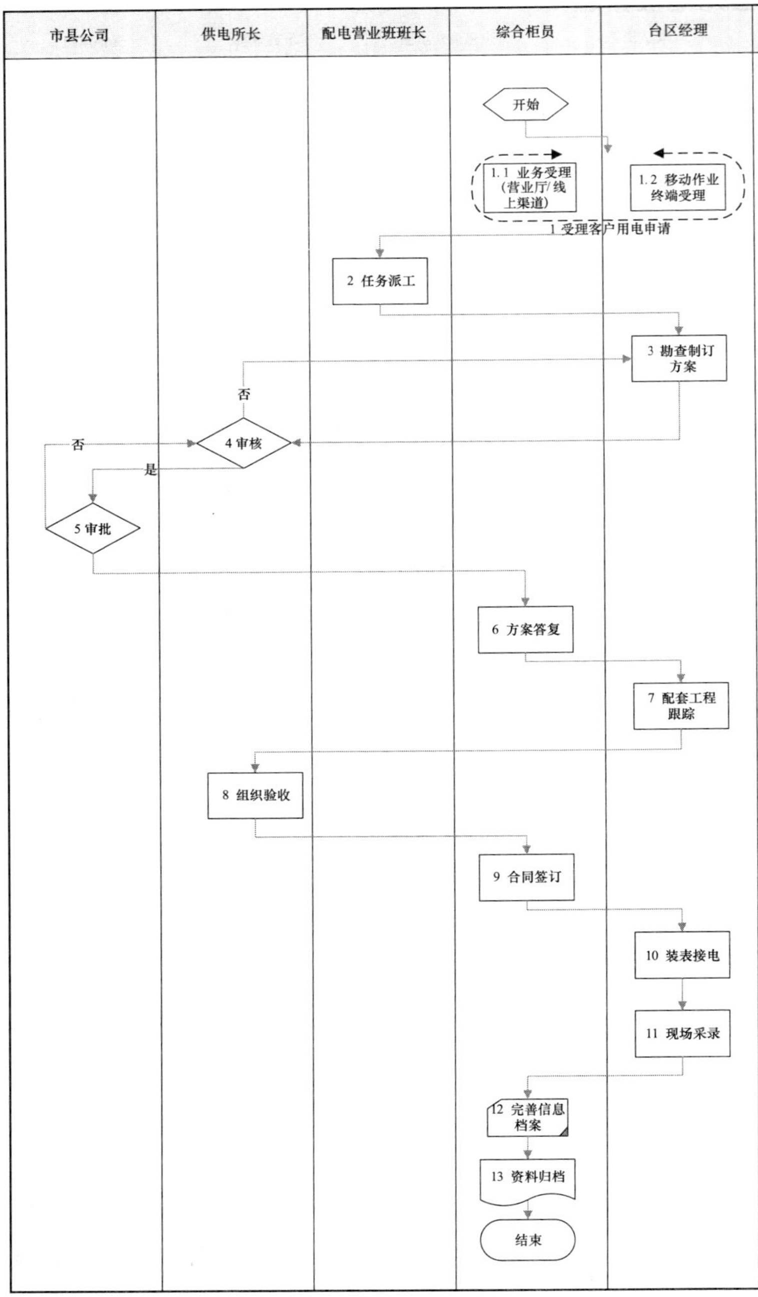

过程描述

1.综合柜员受理低压客户新装充电桩申请，审核资料齐全后发起流程。

2.配电营业班班长将勘查任务分派给所辖台区经理。

3.台区经理现场勘查是否满足供电条件，并制订初步供电方案。

4.所长审核供电方案。

5.营销部完成供电方案及系统流程审批。

6.综合柜员答复客户供电方案。

7.台区经理跟踪配套工程进展情况。

8.供电所长组织现场验收。

9.综合柜员完成合同办理。

10.具备装表条件，台区经理完成装表接电工作。

11.台区经理配合完成相关数据录入，确保营配数据一致。

12.综合柜员完成信息系统中信息归档。

13.综合柜员完成资料归档

表 4-18　　违约用电、窃电管理工作流程

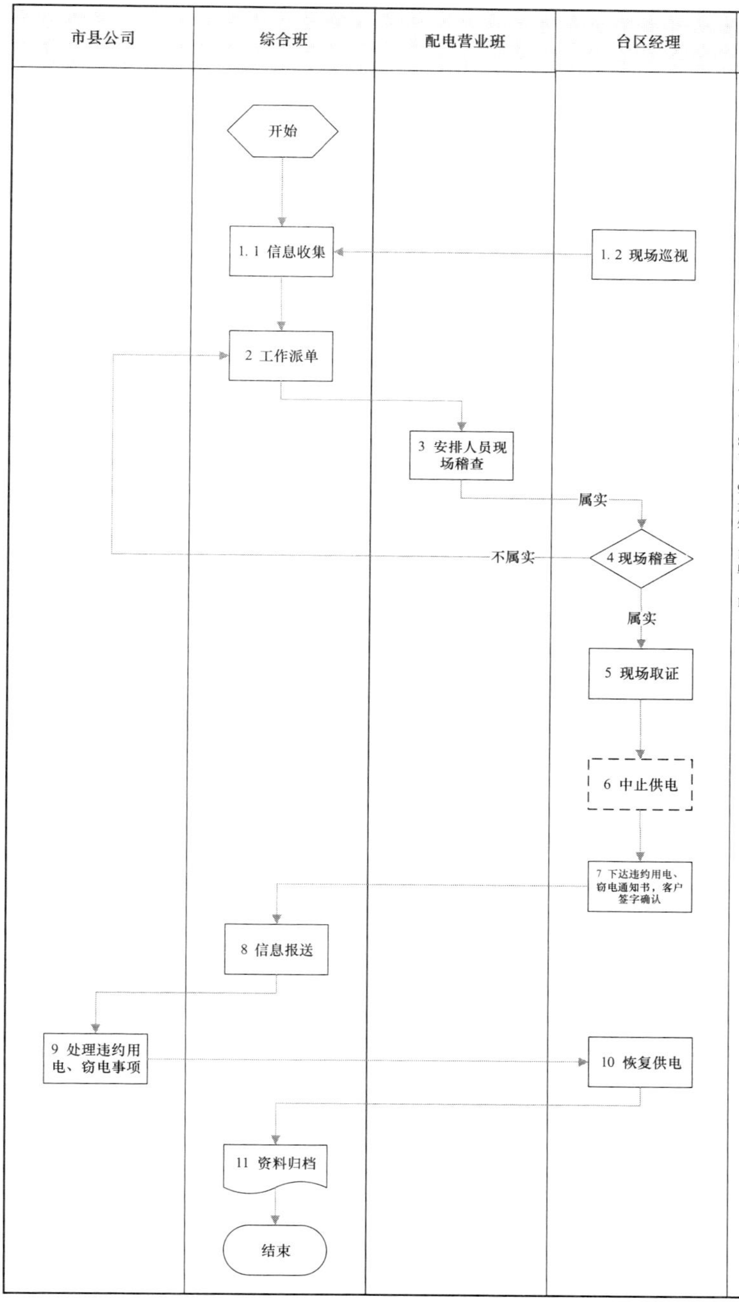

过程描述

1.综合班接收、发现疑似违约用电、窃电信息，台区经理现场发现疑似违约用电、窃电客户。

2.综合班派发工单。

3.配电营业班班长安排台区经理现场稽查。

4.台区经理现场核实违约用电、窃电是否属实。

5.对违约用电、窃电行为采用拍照、录像等方式现场取证，详细记录现场情况。

6.现场对违约用电、窃电客户中止供电。

7.下达违约用电、窃电通知书并由客户签字确认。

8.综合班将违约用电、窃电信息报送市县公司。

9.市县公司主管部门认定追补违约电量电费，情节严重的移交司法机关处理。

10.违约用电、窃电相关事宜处理完毕，现场恢复供电。

11.综合柜员归档资料

4.4.5.2　现场作业

台区经理现场确认违约用电、窃电客户，采用录像、拍照等形式现场取证，应予制止，并可当场中止供电，下达违约用电、窃电通知书，由客户签字确认。如客户不予配合处理，上报市县公司营销部或报警处理。

违约用电、窃电相关事宜处理完毕，现场恢复供电。

4.4.5.3　结果处理

综合班将违约用电、窃电信息上报上级单位，上级主管部门依据法律法规追补电费电量，情节严重的移交司法机关处理。

4.4.6　营业普查

按照年度计划开展营业普查工作，重点普查营业基础资料信息、供用电合同履行及计量装置运行情况、违约用电、窃电行为等方面，对存在的问题及时整改，见表4-19。

4.4.6.1　业务发起

配电营业班班长发起营业普查任务，组织台区经理开展营业普查工作。

4.4.6.2　现场普查

普查内容应覆盖营销系统所有客户数据。重点检查电价执行、计量装置封印、计量箱、互感器倍率、接线是否正确、违约用电、窃电行为等方面。

4.4.6.3　检查结果处理

检查完成后，由客户对检查结果签字确认。客户设备情况、运行管理、规范用电等方面有不符合安全规定或危害供用电安全的，现场开具安全隐患告知书，督促客户完成整改。

现场检查确认有违约用电、窃电行为的，检查人员应采用拍照、摄像等措施详细记录现场情况，现场予以制止，并依法依规处理。

4.4.6.4　资料归档

营业普查工作完成后，客户服务员做好相关资料的归档工作。

4.4.7　异常数据管理

异常数据主要指在PMS、营销MIS、用电信息采集等系统中，动态产生的不符合规则的数据，反映设备运维、营销管理中存在的问题，见表4-20。

表 4-19　　营业普查工作流程

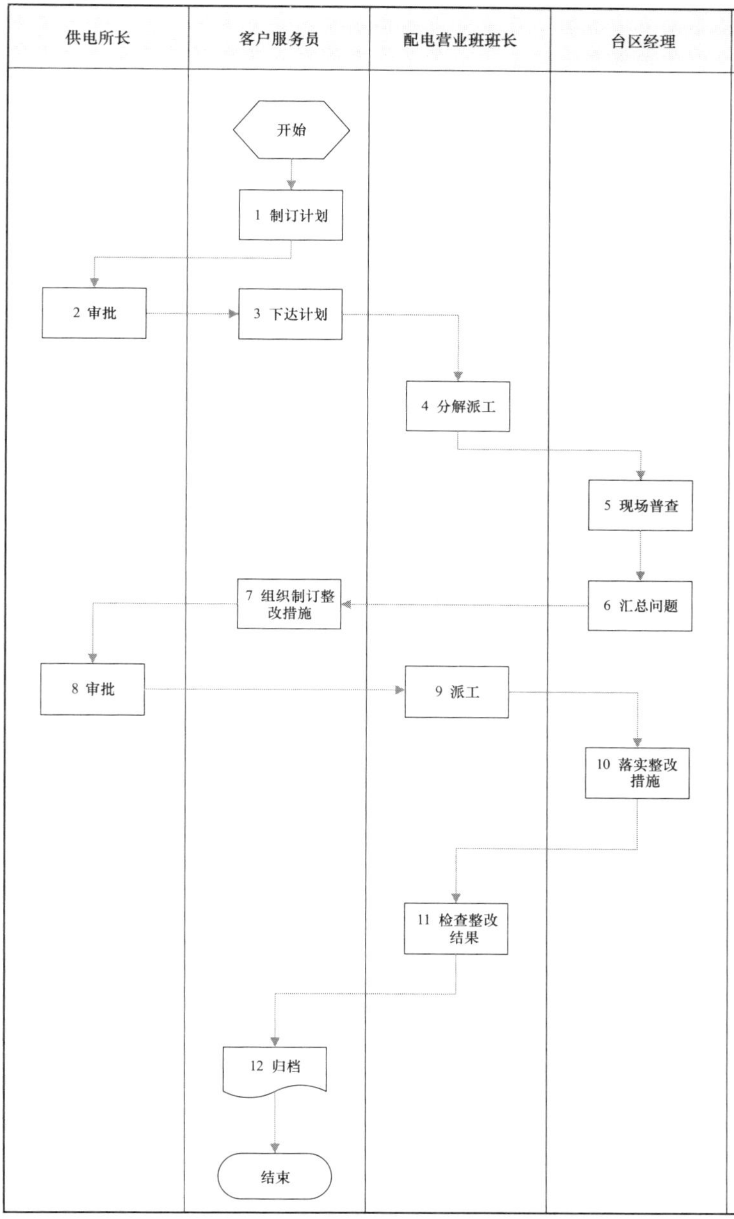

过程描述

1.客户服务员制订年度营业普查工作计划。

2.供电所长审批营业普查计划。

3.客户服务员对配电营业班下达营业普查工作计划。

4.配电营业班班长对营业普查计划二次分解并派工。

5.台区经理开展现场普查。

6.台区经理汇总存在问题。

7.客户服务员组织制订整改措施，并提交所长审批。

8.供电所长审批整改措施。

9.配电营业班班长根据整改措施进行派工。

10.台区经理落实整改措施。

11.配电营业班班长检查问题整改结果。

12.客户服务员资料归档

表 4-20　　异常数据管理工作流程

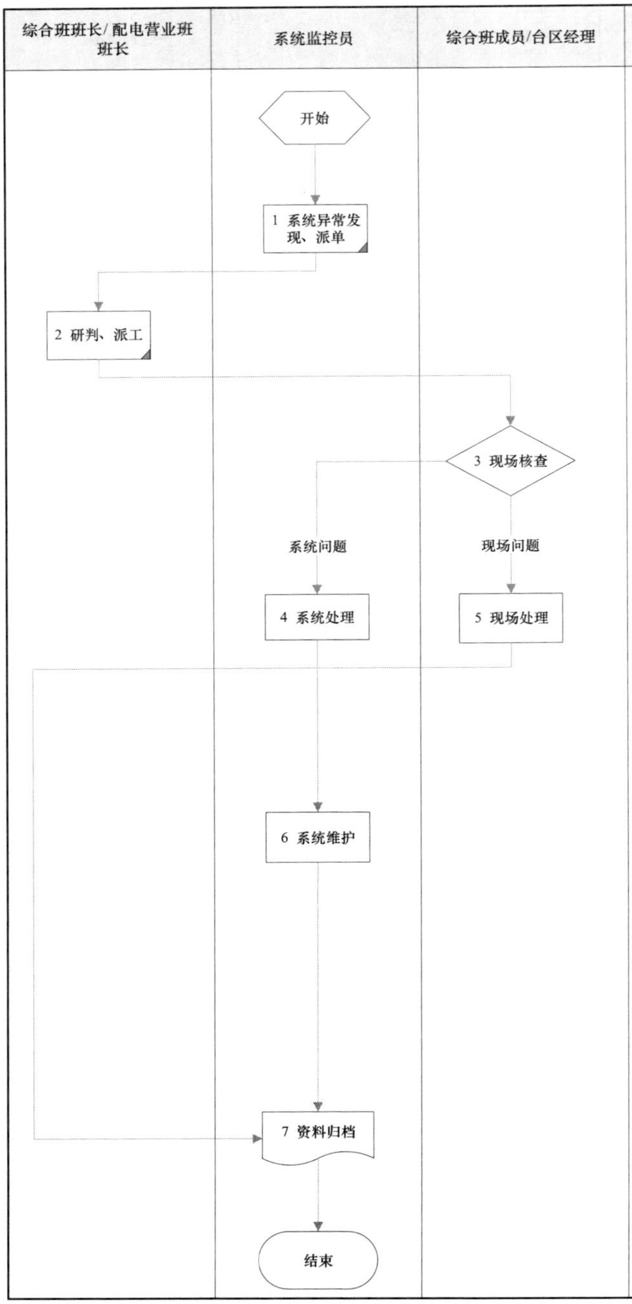

过程描述

1.系统监控员在系统发现异常数据，派发工单至综合班（配电营业班）。

2.综合班班长（配电营业班班长）初步研判后将异常工单派工给综合班成员（台区客户代表）。

3.综合班成员（台区客户代表）现场核查异常数据。

4.系统监控员登记综合班成员（台区经理）核查的系统问题并处理。

5.综合班成员（台区经理）对异常问题进行现场处理。

6.系统监控员对现场异常处理结果进行核实，并进行系统维护。

7.系统监控员资料归档

4.4.7.1 业务发起

供电所接到业务系统异常数据信息后，及时开展原因分析，分类派交综合班或配电营业班处理，并将异常数据处理任务分解到人。

4.4.7.2 异常数据处理

异常数据涉及线路设备运行维护、电量、电价、电费、线损、计量装置等的管理工作，供电所应每日开展系统在线监控，筛查异常数据，分类分析，集中排查异常数据较多的线路、台区，及时处理。专用变压器台账数据异常时，配电营业班现场核实后，由综合班在营销 GIS 平台及营销 MIS 中完成更新；公用变压器台账数据异常时，配电营业班现场核实后，由综合班在运维 GIS 平台及 PMS2.0 中完成更新。

4.4.7.3 后期监控

在异常数据整改处理后，系统监控员应跟踪监控数据变化情况，确保异常数据全部整改。

4.4.8 智能缴费停（复）电失败工单处理

综合班监控用电信息采集系统，查看智能缴费执行成功率，排除停电等可控因素，确保执行成功率达到 100%，见表 4-21。

4.4.8.1 业务发起

综合班通过用电信息采集系统，查询停（复）电失败客户明细，逐户再次远程停（复）电操作，确认停（复）电失败客户，记录信息，推送工单至移动作业终端。

4.4.8.2 派工及现场处理

配电营业班班长派工至台区经理。台区经理出发前应携带齐全的工器具、计量表计（四级表库）、记录单等，提前联系客户，告知相关停（复）电信息。

台区经理到达现场，核对客户信息后，使用移动作业终端停（复）电。若现场多次操作失败，在排除系统、模块等外在影响因素情况下，向配电营业班班长汇报进行换表，换表前应取得客户同意。

4.4.8.3 资料归档

台区经理现场处理提交后，系统监控员在系统上查询客户停（复）电工单，确保成功率 100%，并记录停（复）电客户信息，归档资料。

表 4-21　　　　智能缴费停（复）电失败工单处理流程

系统监控员	配电营业班班长	台区经理	过程描述
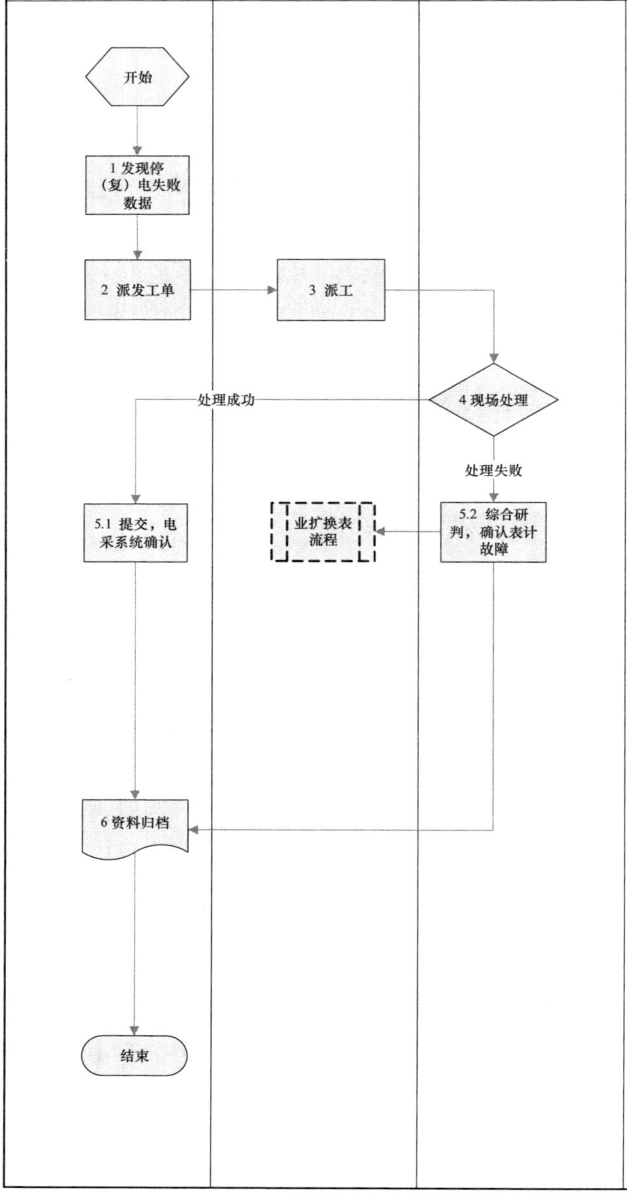			1.系统监控员监控电采系统发现停（复）电失败数据。 2.系统监控员在电采系统上再次远程停（复）电，确认操作失败，记录信息，推送至移动作业终端。 3.配电营业班班长派工给台区经理。 4.台区经理领取移动作业终端到现场停（复）电。 5.确认现场停（复）电成功，提交相关信息。现场处理失败，确认是表计故障，更换表计。 6.系统监控员归档资料

4.4.9 高（负）损台区治理

高（负）损台区治理应充分利用系统监控，提取异常数据，开展线损分析，制订整改措施，组织开展治理，见表 4-22。

4.4.9.1 业务发起

综合班结合台区异常数据及上级部门要求，研判数据，分析原因，派发工单至配电营业班。

4.4.9.2 现场作业

配电营业班班长组织开展现场排查，将结果反馈至综合班。待综合班制订治理措施后，配电营业班班长组织台区经理开展工作。特殊情况应向所长汇报处理。

4.4.9.3 总结归档

线损治理工作完成后，综合班对台区治理工作的相关情况总结、通报，并归档资料。

4.4.10 用电信息采集系统数据补采

综合班监控用电信息采集系统，查看台区智能表覆盖率和采集成功率，排除业扩和停电等可控因素，确保采集成功率达到 100%。采集不成功的，派单现场补采，见表 4-23。

4.4.10.1 业务发起

综合班将召测不成功的表计信息推送至移动作业终端，并通知配电营业班班长。

4.4.10.2 派工及现场补采

配电营业班班长派台区经理现场补采，出发前应核对确认补采客户数据信息，检查移动作业终端是否正常。

台区经理到达现场应先行查看表计、模块有无异常，初步判断无异常后，使用移动作业终端进行补采。若补采不成功，应进行记录、上报，采取表计更换或其他措施直至数据抄录成功。

4.4.10.3 资料归档

系统监控员通过用电信息采集系统查看补抄的数据，确认已经上传到系统，对当次补采工作进行记录，资料归档。

表 4-22　　　　高（负）损台区治理工作流程

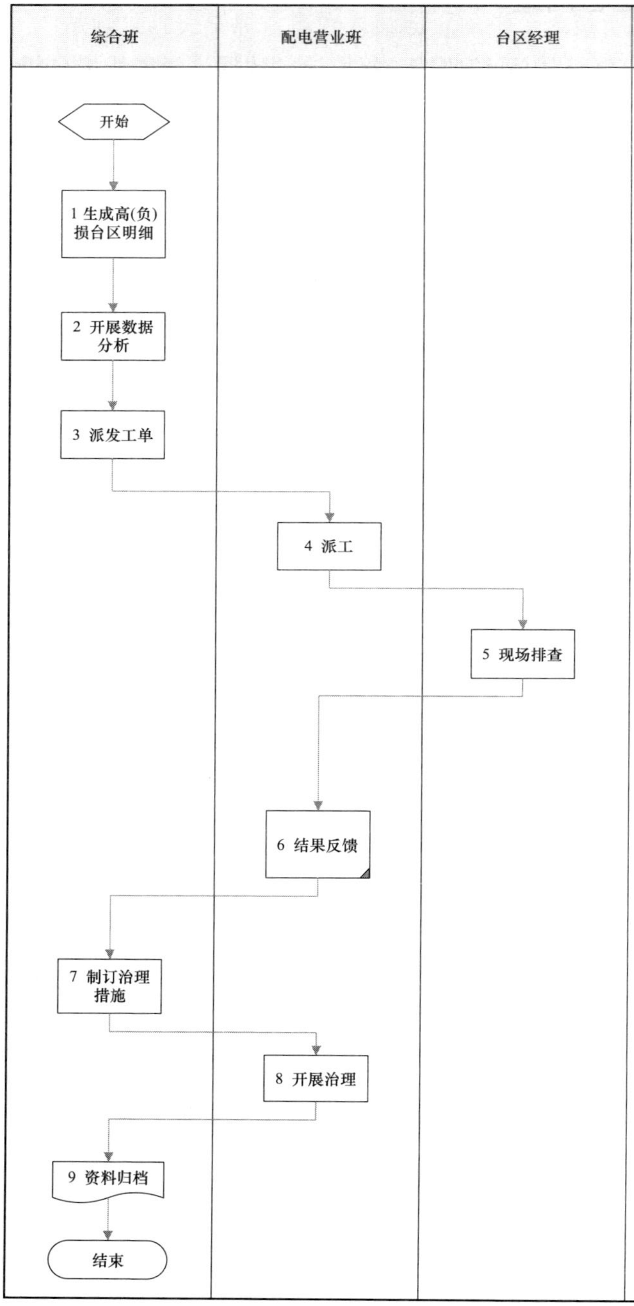

过程描述

1.综合班登录系统筛查提取高(负)损台区数据。

2.综合班分析高（负）损台区数据。

3.综合班根据分析结果向配电营业班派发工单。

4.配电营业班班长派工至台区经理。

5.台区经理开展现场排查。

6.配电营业班班长汇总排查结果,反馈至综合班。

7.综合班根据排查结果制订高（负）损台区治理措施。

8.配电营业班班长根据治理措施开展高（负）损台区治理。

9.综合班跟踪监控高（负）损台区治理情况，数据正常后，资料归档

表 4-23 用电信息采集系统数据补采工作流程

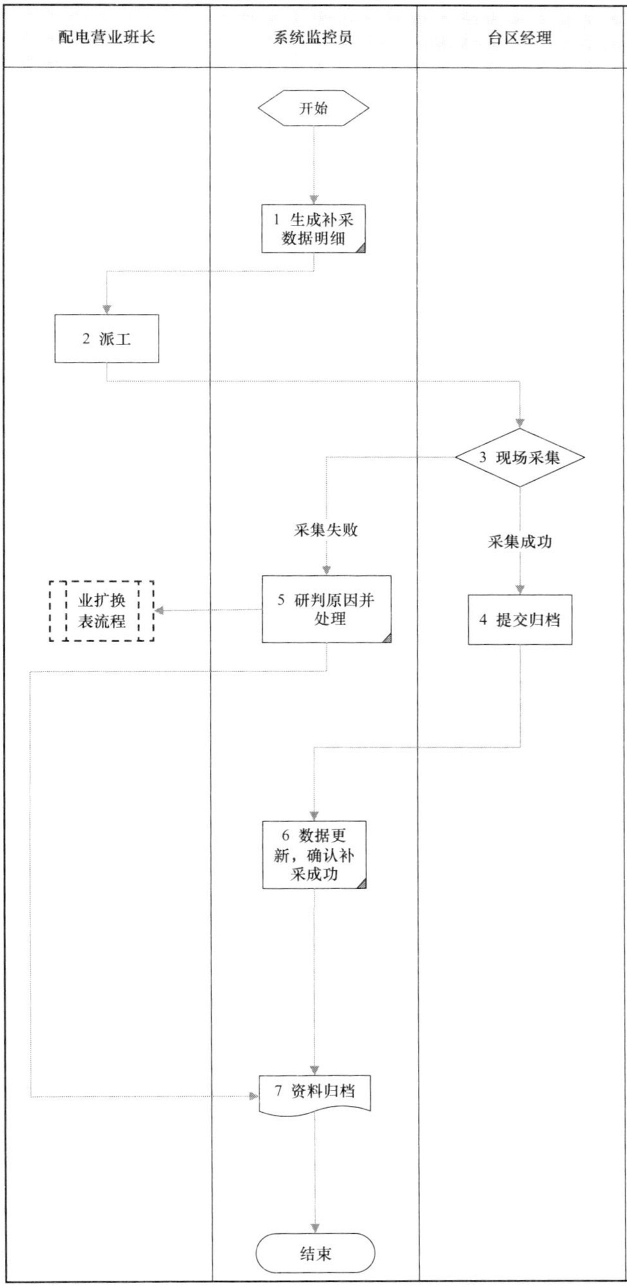

过程描述

1.系统监控员在用电信息采集系统筛选采集不成功用户，生成补采工单推送至移动作业终端，通知配电营业班班长处理。

2.配电营业班班长派工至台区经理。

3.台区经理领取移动作业终端到现场补采数据。

4.补采成功，提交数据，工单归档。

5.补采失败，分析原因，确认是表计问题，另行派工更换表计。

6.系统监控员查询用电信息采集系统补采数据，确认数据上传成功。

7.系统监控员对数据补采相关资料登记归档

4.5　低压图数治理工作流程

低压图数治理应现场核查设备型号、线路线径及表计位置等基础信息，并在 PMS 中更正错误信息、完善遗漏信息，解决系统和现场不一致、线变关系缺失、营销与生产系统信息不对应等问题，见表 4-24。

表 4-24　　供电所低压图数治理工作流程

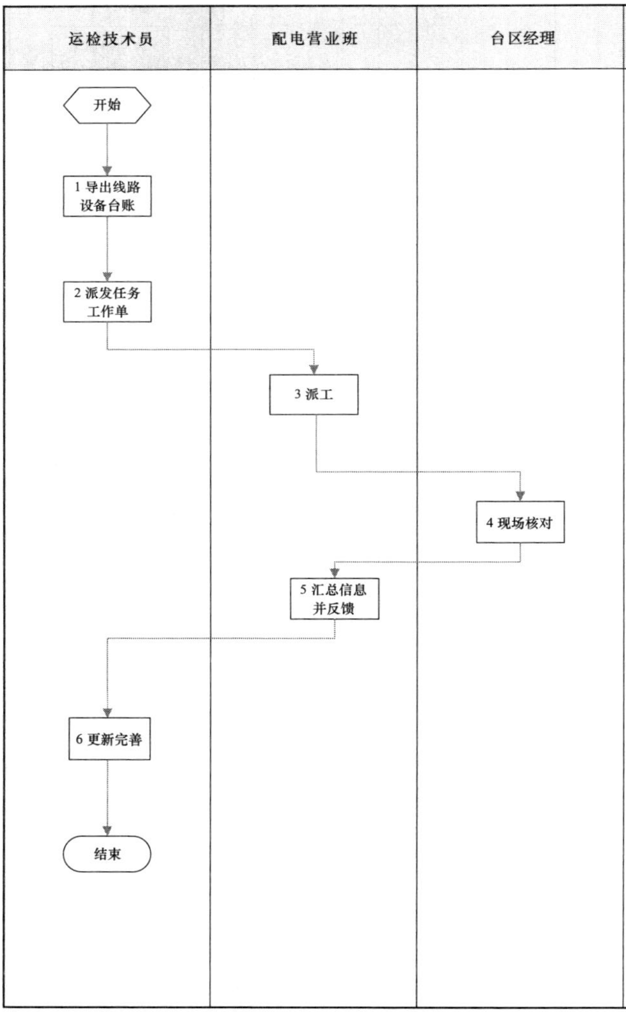

过程描述

1.运检技术员从PMS系统导出线路设备台账。

2.运检技术员向配电营业班派发现场核对任务工单。

3.配电营业班将现场核对任务分解至台区经理代表。

4.台区经理核对现场情况，完善低压线路设备台账，并通过GPS采集仪获取并记录杆塔、配电变压器及表记的地理位置信息。

5.配电营业班汇总完善低压线路设备台账信息及地理位置信息反馈至运检技术员。

6.运检技术员更新完善台账数据和图形信息

4.5.1 业务发起

运检技术员从 PMS 系统中导出低压设备台账，向配电营业班派发现场核对任务工单。

4.5.2 现场核对作业

台区经理核对现场设备情况，完善低压设备台账，并通过 GPS 采集仪获取并记录杆塔、配电变压器及表计的地理位置信息。

4.5.3 系统治理

台区经理将核对后的低压设备台账信息及地理位置信息反馈至运检技术员，运检技术员更新完善台账数据和图形信息。

4.5.4 后期维护

配电营业班应及时将现场设备异动信息提供给运检技术员，确保系统数据及时更新。

4.6 全员绩效考核工作流程

实行市县公司到供电所，供电所到综合班和配电营业班，综合班（配电营业班）到员工的三级绩效考核。坚持“按劳分配、效率优先、兼顾公平、分级负责”基本原则。坚持供电所“模拟工资总额制”和“工作积分制＋目标任务制”考核原则。定期逐级考核评价，召开绩效考核例会，见表 4-25。

4.6.1 建立指标体系

根据供电所安全生产、营销服务等重点工作任务和各项考核指标，制订供电所考核体系，落实“工作积分制＋目标任务制”考核原则。

4.6.2 绩效考核评价

供电所考核指标分解到综合班（配电营业班）、个人后，市县公司营销部每

表 4-25　　供电所全员绩效考核工作流程

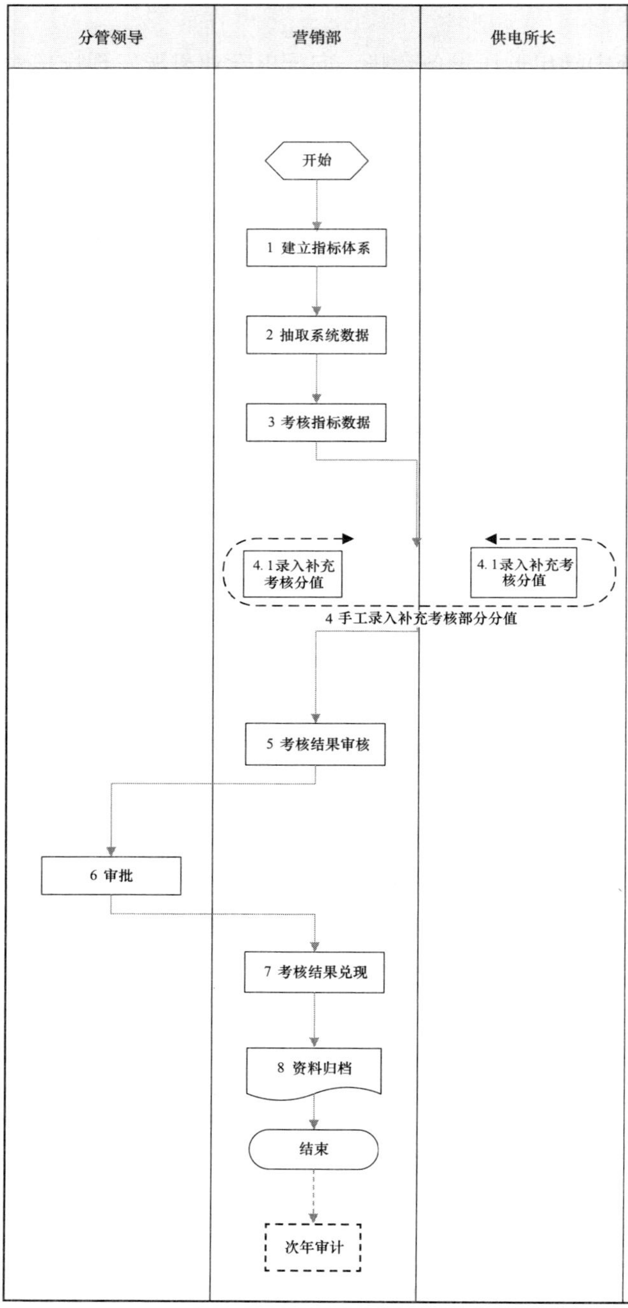

过程描述

1.市县公司营销部建立绩效考核指标体系。

2.市县公司营销部每月定期从各相关业务系统抽取供电所业务指标数据。

3.市县公司营销部对照考核规则，完成所有供电所业务指标数据考核，形成指标考核评分结果。

4.市县公司业务部门及供电所所长完成其他补充考核事项的评分，并录入绩效考核系统。

5.营销部对照相关数据，审核绩效考核系统考核结果。

6.供电所考核结果报公司分管领导审批。

7.营销部负责跟踪考核结果兑现到位。

8.营销部归档相关考核资料记录，流程结束月从相关业务系统抽取数据，对供电所上月度指标完成情况进行考评，其他补充考核部分由市县公司及供电所长手工录入，生成月度绩效考核结果。

4.6.3 考核结果兑现

考核结果经市县公司营销部审核，报分管领导批准后兑现。

供电所绩效考核实行月考核、月兑现、年审计方式。

年底由市县公司组织相关部门对供电所员工绩效考核执行情况开展联合审计，在次年第一季度审计完毕。联合审计结果经分管领导批准后，第二季度予以应用，供电所员工收入多退少补。

5 供电所基础设施配置标准

5.1　生产营业用房

序号	设施名称	单位	配置标准	适用范围
1	供电所生产营业用房	间	1间/2工位	所长室
			1间/4工位	综合班
			1间/6工位	配电营业班
			2～3间/室	营业厅
			2～3间/室	视频会议室
			1间/2工位	抢修值班室
			1间/4床位	备班室
			1间/供电所	食堂操作间
			1间/10餐位	餐厅
			1间/室	安全工器具室、备品备件室、表库、施工（生产）工器具室、档案室、供电所信息通信机房、培训室、淋浴间

5.2　交通车辆

序号	设施名称	单位	配置标准	适用范围
1	汽车	辆	1辆/供电所	平原适用两驱汽车，山区、丘陵适用四驱汽车
2	三轮车（电动、燃油）	辆	1辆/5名台区经理	电动车适用于平原和丘陵地区，燃油车适用于山区
3	两轮车（电动、燃油）	辆	1辆/3名台区经理	

5.3　办公设施

序号	设施名称	单位	配置标准	配置场所
1	办公计算机	台	1台/人	所长（副所长）
			1台/人	综合班
			2～3台/班	配电营业班
			1台/室	会议室
			1台/室	抢修值班室
2	打印机	台	1台/人	所长（副所长）
			2台/班	综合班
			1台/班	配电营业班
3	行为记录仪	台	2台（网络版）/所	综合班
			1台（单机版）/台区经理	配电营业班
4	投影设备	套	1套/供电所	供电所会议室

续表

序号	设施名称	单位	配置标准	配置场所
5	文件资料柜	组	2 组/室	所长室
			4 组/班	综合班
			2 组/班	配电营业班
			8 组/室	档案室
6	办公桌椅	套	1 套/工位	供电所
7	四层货架	个	2 个/室	表库
			6 个/室	备品备件室
			6 个/室	施工（生产）工器具室
8	人脸识别考勤机	台	1 台/所（站）	供电所（供电服务站）
9	录音笔	台	2 台/班	综合班
10	录音电话机	部	1 部 2 分机	抢修值班室和营业厅各 1 个分机
11	普通电话机	部	1 部/室	所长室
12	供电所视频监控系统	套	1 套/室	抢修值班室
13	室外宣传栏	面	2 面/所	供电所
14	消防器材	组	10 组/所	供电所
15	抢修工具柜	个	2 个/室	抢修值班室
16	视频会议系统（分站）	套	1 套/所	供电所会议室
17	信息通信网络系统	套	1 套/所	供电所信息通信机房

5.4　营业厅、表库设施

序号	设施名称	单位	配置标准	配置场所
1	复印机	台	1 台/所	营业厅
2	24 小时自助缴费机	台	1 台/所（站）	供电所（供电服务站）
3	智能计量周转柜	台	1 台/所	表库
4	高拍仪	台	1 台/所	营业厅
5	多功能显示屏	面	1 面/所	营业厅
6	营业厅吧椅	把	1 把/工位	营业厅
7	客户休息椅（三位连椅）	把	1～3 把/所	营业厅
8	书写台	个	1 个/所	营业厅
9	便民服务柜	个	1 个/所	营业厅
10	计量抢修周转箱	个	2 个/所	抢修值班室、抢修车辆
11	临时用电表箱	只	10 只/万户	表库
12	POS 机	台	1 台/所	营业厅

续表

5.5 安全工器具				
序号	设施名称	单位	配置标准	配置场所
1	辅助型绝缘手套	双	2 双/配电营业班	安全工器具室
			2～3 双/室	抢修值班室
2	辅助型绝缘靴	双	2 双/配电营业班	安全工器具室
			2～3 双/室	抢修值班室
3	绝缘操作杆	套	2 套/配电营业班	安全工器具室
			2～3 套/室	抢修值班室
4	辅助型绝缘垫	块	4 块/配电营业班	安全工器具室
5	验电器（10kV）	支	4 支/配电营业班	安全工器具室
			3 支/室	抢修值班室
6	验电器（低压）	支	1 支/人	安全工器具室
			3 支/室	抢修值班室
7	接地线（10kV）	组	8 组/所	安全工器具室
8	接地线（低压）	组	8 组/所	安全工器具室
			3 组/室	抢修值班室
9	安全带	副	1 副/人	安全工器具室
			3 副/室	抢修值班室
10	安全帽	顶	1 顶/人	安全工器具室
			2～6 顶/室	抢修值班室
11	绝缘梯子	架	3 架/配电营业班	安全工器具室
12	脚扣	副	1 副/人	安全工器具室
			3 副/室	抢修值班室
13	速差自控器	副	6 副/配电营业班	安全工器具室
14	个人保安线	副	1 副/人	安全工器具室
			3 副/室	抢修值班室
15	安全警示带（围栏绳）	根	10 根/配电营业班	安全工器具室
16	标示牌（禁止合闸，有人工作！）	块	10 块/配电营业班	安全工器具室
17	标示牌（禁止合闸，线路有人工作！）	块	10 块/配电营业班	安全工器具室
18	标示牌（止步，高压危险！）	块	10 块/配电营业班	安全工器具室
19	标示牌（在此工作！）	块	10 块/配电营业班	安全工器具室

续表

序号	设施名称	单位	配置标准	配置场所
20	护目镜	副	1副/人	安全工器具室
21	防毒面具	套	4套/配电营业班	安全工器具室
22	安全工器具柜	个	8个/室	安全工器具室

5.6　仪器仪表

序号	设施名称	单位	配置标准	配置场所
1	剩余电流动作保护测试仪	套	1套/配电营业班	施工（生产）工器具室
2	绝缘电阻测试仪	套	1套/配电营业班	施工（生产）工器具室
3	钳形电流表	只	3只/配电营业班	施工（生产）工器具室
4	数字万用表	台	3台/配电营业班	施工（生产）工器具室
			3台/室	抢修值班室
5	测高仪	台	2台/所	施工（生产）工器具室
6	望远镜	台	3台/配电营业班	施工（生产）工器具室
7	线路超声波局放检测仪	台	1台/所	施工（生产）工器具室
8	红外热成像测温仪	台	1台/所	施工（生产）工器具室
9	低压反窃电装置	台	1台/所	施工（生产）工器具室
10	移动作业终端（营配融合）	台	1台/2名台区经理	配电营业班

5.7　施工工器具

序号	设施名称	单位	配置标准	配置场所
1	发电机	台	1台/所	施工（生产）工器具室
2	电锯	把	1把/所	施工（生产）工器具室
3	油锯	把	1把/所	施工（生产）工器具室
4	高枝剪	把	5把/配电营业班	施工（生产）工器具室
5	手拉葫芦	个	4个/所	施工（生产）工器具室
6	压线钳	把	2把/所	施工（生产）工器具室
7	应急灯	台	2台/配电营业班	施工（生产）工器具室
			1台/室	抢修值班室
8	头灯	台	1台/台区经理	施工（生产）工器具室
			3台/室	抢修值班室
9	钢丝锯	把	2把/配电营业班	施工（生产）工器具室
10	手电钻	把	2把/配电营业班	施工（生产）工器具室
11	电锤	把	2把/配电营业班	施工（生产）工器具室
12	断线钳	把	2把/配电营业班	施工（生产）工器具室

续表

序号	设施名称	单位	配置标准	配置场所
13	防撞墩	个	10个/所	施工（生产）工器具室
14	防撞警示贴	张	50张/所	施工（生产）工器具室
15	个人工器具包	套	1套/台区经理	施工（生产）工器具室

5.8 备品备件（参考）

序号	材料名称	单位	配置标准	配置场所
1	铝并沟线夹	只	60只/室	备品备件室
2	设备线夹	只	20只/室	备品备件室
3	铜镀锡设备线夹	只	20只/室	备品备件室
4	楔形线夹	只	30只/室	备品备件室
5	UT形线夹	只	20只/室	备品备件室
6	耐张线夹	只	10只/室	备品备件室
7	楔形绝缘耐张线夹	只	10只/室	备品备件室
8	异形并沟线夹	只	40只/室	备品备件室
9	碗头挂板	只	9只/室	备品备件室
10	球头挂板	只	9只/室	备品备件室
11	U形挂板	只	9只/室	备品备件室
12	直角挂板	只	9只/室	备品备件室
13	铁拉板	副	5副/室	备品备件室
14	交流盘形悬式绝缘子	片	6片/室	备品备件室
15	高压悬式绝缘子	只	12只/室	备品备件室
16	线路柱式瓷绝缘子	只	20只/室	备品备件室
17	拉线绝缘子	只	5只/室	备品备件室
18	低压针式绝缘子	只	40只/室	备品备件室
19	绝缘子	个	30个/室	备品备件室
20	针式绝缘子	个	10个/室	备品备件室
21	蝶式绝缘子	个	30个/室	备品备件室
22	半圆抱箍	副	20副/室	备品备件室
23	U形抱箍	副	45副/室	备品备件室
24	双芯线	m	160m/室	备品备件室
25	钢绞线	kg	20kg/室	备品备件室
26	低压电缆	m	30m/室	备品备件室
27	铜线鼻	个	10个/室	备品备件室
28	铜铝线鼻	只	180只/室	备品备件室
29	低压空气断路器	台	14台/室	备品备件室
30	高压隔离开关	只	4只/室	备品备件室

续表

序号	材料名称	单位	配置标准	配置场所
31	跌落闸配件	只	30 只/室	备品备件室
32	跌落闸	只	30 只/室	备品备件室
33	跌落管带铜件	只	5 只/室	备品备件室
34	螺钉	只	200 只/室	备品备件室
35	铁丝	kg	10kg/室	备品备件室
36	拉线棒	根	6 根/室	备品备件室
37	铁横担	根	15 根/室	备品备件室
38	墙担双眼	个	50 个/室	备品备件室
39	U 形环	副	6 副/室	备品备件室
40	交流接触器	台	8 台/室	备品备件室
41	综合剩余电流动作保护器	台	10 台/室	备品备件室
42	电气胶布	盘	20 盘/室	备品备件室
43	避雷器	只	18 只/室	备品备件室
44	拉线警示管	根	5 根/室	备品备件室
45	小型剩余电流动作保护器	只	20 只/室	备品备件室
46	表箱专用锁	个	50 个/室	备品备件室
47	高压熔丝	个	50 个/室	备品备件室
48	铝包带	盘	1 盘/室	备品备件室
49	拉线抱箍	副	9 副/室	备品备件室

5.9 生活设施

序号	设施名称	单位	配置标准	配置场所
1	备班室床铺	个	1 个/值班岗位	备班室
2	备班室更衣柜	个	1 个/人	备班室
3	床上用品	套	2 套/人	备班室
4	液晶电视机	台	1 台/室	备班室
5	电磁双炒双温灶	台	1 台/所	食堂
6	单门消毒柜	台	1 台/所	食堂
7	冰箱（冰柜）	台	1 台/所	食堂
8	商用微波炉	个	1 个/所	食堂
9	抽油烟机	台	1 台/所	食堂
10	电饭煲	个	1 个/所	食堂
11	保鲜工作台	台	1 台/所	食堂
12	调料台	个	1 个/所	食堂

续表

序号	设施名称	单位	配置标准	配置场所
13	四层货架	台	1台/所	食堂
14	双眼水池	个	1个/所	食堂
15	保鲜盒	个	若干个/所	食堂
16	保温饭盒	个	若干个/所	食堂
17	净水设备	套	1套/所	食堂（根据水质情况选配）
18	餐桌	张	0.8～1餐位/人	食堂
19	椅子	把	0.8～1餐位/人	食堂
20	洗衣机	台	1台/所	供电所
21	淋浴位（含淋浴设施）	个	1～3个/所	淋浴间（浴室）
22	书架	个	1个/所	培训室
23	空调	台	1台/室	宿舍、办公场所、餐厅

附录A 供电所精益管理框图

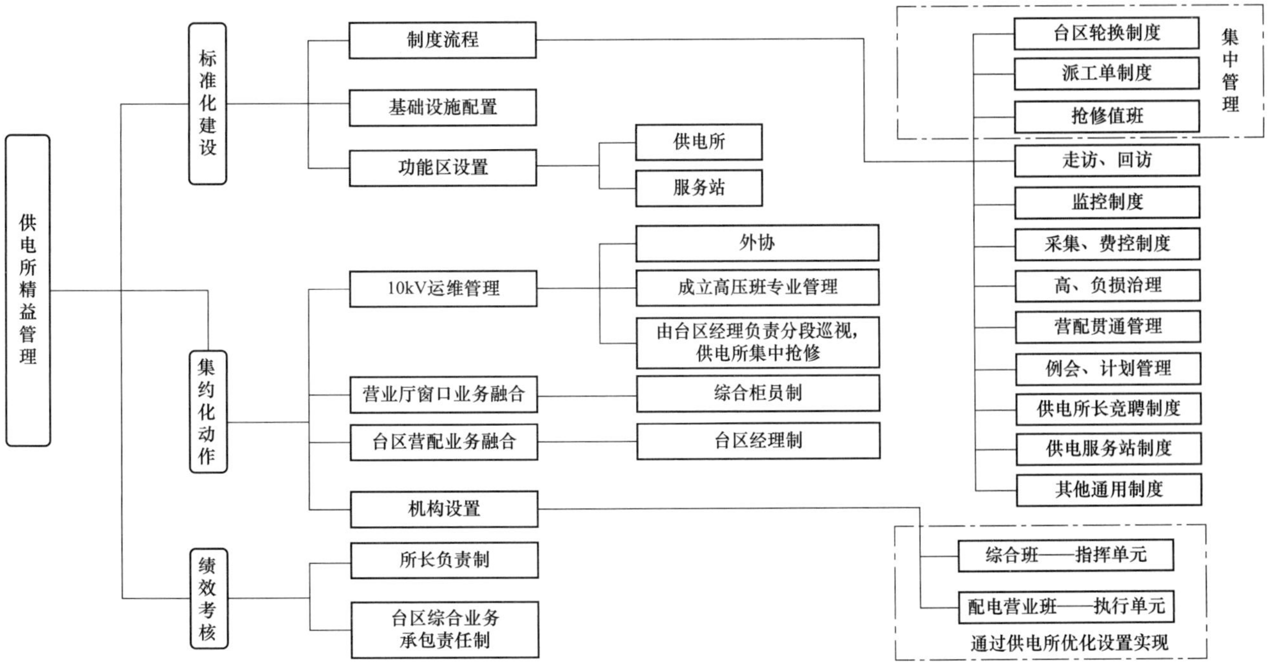

附录B　绩效考核管理办法

1. 工作目标

以“实现公司高质量发展”为目标，结合公司战略和重点任务，围绕“安全生产、经营效益、优质服务、基础保障”工作，细分落实工作责任，传递工作压力，建立起运行机制健全、模式基本统一、数据横向可比、考核制度完善的供电所绩效评价机制，激发供电所内部活力，不断提升供电所管理水平。

2. 重点工作内容

2.1　建立权责明晰的供电所长负责制

（1）供电所长是供电所综合业务管理第一责任人，落实各项管理制度，带领全所员工采取各项措施，完成安全生产、经营效益、优质服务、基础保障各项目标任务。

（2）供电所长负责牵头落实所内各级人员工作责任，与供电所其他人员签订目标考核责任书，实行台区经理制、台区线损承包制、综合柜员制和台区营配业务融合制。台区经理应廉洁自律，对管辖台区安全生产、经营效益、优质服务负责，实施一体化管理。

（3）供电所长有权对供电所其他人员的工作进行调整，并将每名员工所承担的工作任务列入绩效考核，明确项目分值并按月兑现，同时有权对工作突出项进行加分奖励、对完成较差项进行扣分惩处，新增考核内容须说明原因并经市、县公司营销部审核批准。

2.2　分层分级建立台区综合业务承包责任制

（1）供电所长、副所长、综合班班长个人收入与供电所综合评价指标量化挂钩。

（2）安全质量员、客户服务员、运检技术员、综合柜员个人收入与其负责指标量化挂钩。

（3）配电营业班班长个人收入与本班管理的台区综合评价指标量化挂钩。

（4）台区经理个人收入与责任台区综合评价指标量化挂钩。

2.3 建立供电所绩效指标量化考核体系

（1）供电所绩效实行工作量和工作质量两个维度考核，遵循“多劳多得、绩优多得”原则，压实供电所员工工作责任，突出指标量化。

（2）应用好、发挥好绩效考核管控平台作用。省公司制定的综合评价指标由系统自动抽取数据并计算得分，县公司（市郊区）、供电所长根据实际情况新增考核内容（经单位营销部审核）需在平台手工录入得分，最后两者结合，系统自动运算形成最终考核结果。

（3）实现供电所核心业务和重点工作分级分层考核、奖惩责任到人，提高供电所长奖金分配权限和一线员工工作积极性主动性，促进供电所各项业务过程精益管控和提质增效，提升“全能型”供电所建设水平。

2.4 综合评价考核结果应用

供电所员工个人月度绩效考核工资包含工作量绩效考核工资和工作质量绩效考核工资。绩效考核工资占比不低于员工薪酬的50%。

2.4.1 工作量绩效考核工资

各岗位工作量绩效考核工资＝该岗位工作量系数×工作量绩效工资基数

其中，各岗位工作量系数由本单位自行确定。

（1）供电所综合岗位工作量绩效考核工资基数（单位：元）。工作量绩效考核工资基数按其管理的山区用电客户数每个得 a 元、平原用电客户数每个得 b 元、台区每个得 c 元、10kV 公用线路每个得 d 元计算，则

综合岗位工作量绩效考核工资基数＝供电所所辖山区用电客户数×a＋供电所所辖平原用电客户数×b＋供电所所辖台区数×c＋供电所所辖 10kV 公用线路条数×d

注：综合岗位包含所长、副所长、综合班长、综合柜员、安全质量员、运检技术员、客户服务员。

（2）供电所配电营业班长工作量绩效考核工资基数（单位：元）。工作量绩效考核工资基数按其管理的山区用电客户数每个得 h 元、平原用电客户数每个得 i 元、台区每个得 j 元、10kV 公用线路每个得 k 元计算，则

配电营业班长工作量绩效考核工资基数＝其所辖山区用电客户数×h＋其所辖平原用电客户数×i＋其所辖台区数×j＋其所辖 10kV 公用线路条数×k

（3）供电所台区经理工作量绩效考核工资基数（单位：元）。工作量绩效考核工资基数按其管理的山区用电客户数每个得 e 元、平原用电客户数每个得 f

元、公用变压器台区每个得 g 元计算，则

台区经理工作量绩效考核工资基数＝其所辖山区用电客户数×e＋其所辖平原用电客户数×f＋其所辖公变台区数×g

a、b、c、d、e、f、g、h、i、j、k 值的大小由县公司（市郊区）在本单位内平衡确定。各单位工作量绩效工资不得高于本单位绩效工资计划数的50%。

2.4.2 工作质量绩效考核工资

各岗位人员月度工作质量绩效考核工资具体计算方法如下

个人月度工作质量绩效考核工资＝个人工作质量综合系数×本单位工作质量绩效工资基数

（1）个人工作质量综合系数算法

个人工作质量综合系数＝岗位系数×个人工作质量评价系数

注：岗位系数由各单位人资部或供电服务公司确定，原则上，不同用工性质人员，从事相同岗位，其岗位系数相同。

（2）个人工作质量评价系数算法

个人工作质量评价系数＝个人工作质量考核得分/个人工作质量考核标准分×100%

个人工作质量考核指标和指标标准分值由本单位根据其工作实际进行分配、确定。详见附表B-1～附表B-4。

（3）本单位工作质量绩效工资基数算法

供电所长期职工工作质量绩效工资基数＝本单位所有供电所长期职工月度工作质量绩效工资计划数/本单位所有供电所长期职工工作质量综合系数之和

供电所非长期职工工作质量绩效工资基数＝本单位所有供电所非长期职工月度工作质量绩效工资计划数/本单位所有供电所非长期职工工作质量综合系数之和

2.4.3 供电所其他人员绩效工资由本单位自行考核确定

2.5 考核程序

供电所综合评价考核实行月考核、月兑现、年审计方式。

2.5.1 每月10日前，市县供电公司营销部从相关部门及各业务系统抽取数据，对供电所上月相关指标完成情况进行考核评分；市县供电公司、供电所长补充考核部分由市县供电公司营销部、供电所长负责手工录入相应分值。

附表 B-1 供电所各岗位承担工作质量指标分配表（通用）

综合评价指标 / 绩效考核			各岗位指标分配								
序号	指标名称	指标分值	所长	副所长	综合班长	安全质量员	运检技术员	客户服务员	综合柜员	配电营业班长	台区经理
1	售电量	20	√	√	√	—	√	√	√	√	√
2	电能替代“打包交易”贡献率	50	√	√	√	—	—	√	—	—	—
3	公用变压器台区线损率	120	√	√	√	—	√	√	√	√	√
4	中压线路线损率	120	√	√	√	—	√	√	—	—	—
5	电费回收率	40	√	√	√	—	—	√	√	√	√
6	万户投诉率	40	√	√	√	√	√	√	√	√	√
7	低压业扩服务时限达标率	40	√	√	√	√	√	√	√	√	√
8	百户抢修工单率	120	√	√	√	√	√	√	—	√	√
9	三合一移动终端应用率	30	√	√	√	√	√	√	—	√	√
10	低压客户智能缴费覆盖率	40	√	√	√	—	—	√	√	√	√
11	费控自动执行成功率	100	√	√	√	—	—	√	√	√	√
12	营配贯通数据对应率	20	√	√	√	—	√	√	—	√	√
13	过载台区占比	50	√	√	√	—	√	—	—	√	√
14	电采集中器离线率	50	√	√	√	—	√	—	—	√	√
15	百台公用变压器关口表故障更换次数	20	√	√	√	—	—	—	—	√	√
16	用电信息采集成功率	100	√	√	√	—	—	√	—	√	√
17	计量资产管理规范率	40	√	√	√	—	—	√	√	—	√
合计		1000									

注 1. 表格中“√”代表岗位需承担该考核指标，具体承担指标标准分值由各单位自行核定。

2. 表格中“—”代表该岗位不需承担该考核指标。

附表 B-2

××供电所所长工作质量考核表

考核指标	标准分值	绩效考核项定义	绩效考核指标项得分计算方法	统计口径数据来源	得分
供电所综合评价	1000	供电所综合评价	供电所综合评价（全省排序）	供电所综合业务 监控平台深化提升	
各单位补充考核内容	……	……	……	……	
总分		—	—	—	

注 1. 供电所长本人及本所其他人员考核月发生重伤或死亡安全生产事件，绩效得零分。
2. 供电所长本人考核月发生廉洁从业事件，绩效得零分。
3. 举报限报，每件扣 50 分。
4. 县公司（市郊区）业务主管部门可根据供电所长当月工作实际情况增加考核内容进行加分或扣分。

附表 B-3

××供电所××员工工作质量考核表

考核指标	标准分值	绩效考核项定义	绩效考核指标项得分计算方法	统计口径数据来源	得分
……	……	……	……	……	
……	……	……	……	……	
供电所长补充考核内容	……	……	……	……	
总分		—	—	—	

注 1. 供电所员工本人考核月发生人员责任重伤或死亡安全生产事件，绩效得零分。
2. 供电所员工本人考核月发生廉洁从业事件，绩效得零分。
3. 供电所长可根据供电所员工当月工作实际情况增加考核内容进行加分或扣分，并报上级业务主管部门审核批准。
4. 每位供电所员工一张表。

附表 B-4

供电所员工工作质量指标分配表（参考）

综合评价指标 / 绩效考核			各员工指标分配								
序号	指标名称	指标分值	员工 1	员工 2	员工 3	员工 4	员工 5	员工 6	员工 2	员工 8	……
1	售电量	20									
2	电能替代“打包交易”贡献率	50									

续表

综合评价指标 绩效考核			各员工指标分配								
序号	指标名称	指标分值	员工1	员工2	员工3	员工4	员工5	员工6	员工2	员工8	……
3	公用变压器台区线损率	120									
4	中压线路线损率	120									
5	电费回收率	40									
6	万户投诉率	40									
7	低压业扩服务时限达标率	40									
8	百户抢修工单率	120									
9	三合一移动终端应用率	30									
10	低压客户智能缴费覆盖率	40									
11	费控自动执行成功率	100									
12	营配贯通数据对应率	20									
13	过载台区占比	50									
14	用电信息采集系统集中器离线率	50									
15	百台公用变压器关口表故障更换次数	20									
16	用电信息采集成功率	100									
17	计量资产管理规范率	40									
合计		1000									

注 供电所长根据本所员工工作实际分配各员工考核指标及指标标准分值。

2.5.2　考核结果经市县供电公司供电所所属部门审核，并经市县供电公司营销分管领导批准后兑现。

2.5.3　年底由市县供电公司审计部组织人员对供电所员工综合评价考核执行情况进行审计，在次年第一季度审计完毕，审计结果经安质部、人资部、营销部、运检部、监察部会签和营销分管领导批准后，第二季度予以应用，供电所员工收入多退少补。

附录C　供电所综合评价指标体系

序号	一级指标	一级分值	二级指标	二级分值	指标定义和计算方法	指标得分计算方法	数据来源
1	经营管理	350	售电量	20	售电量指标从售电量增长率和户均售电量两个方面进行考核： 1. 售电量增长率=（当期售电量－去年同期售电量）/去年同期售电量×100% 2. 户均售电量=售电量/营业户数 统计周期：月 考核范围：售电量增长率考核范围为供电所管辖的公用变压器、专用变压器台区；户均售电量考核范围为低压居民、低压非居民，不包含农业排灌	1. 售电量增长率达6.5%及以上的供电所得10分，其他供电所得分=供电所售电量增长率/6.5%×10分，指标为负得0分。 2. 户均售电量大于或等于260kW·h的供电所该项指标得10分，其他供电所得分=供电所户均售电量/260kW·h×10分。 3. 售电量得分=售电量增长率得分+户均售电量得分	营销业务应用系统
2			电能替代“打包交易”贡献率	50	电能替代“打包交易”贡献率=电能替代“打包交易”累计项目数量/供电所电能替代“打包交易”项目数量指标+电能替代“打包交易”累计完成电量/供电所电能替代“打包交易”电量指标 统计周期：月 考核范围：供电所所管辖全部专用变压器客户、低压客户，重点农业大棚保温、畜牧水产养殖保温、农产品烘干（电烤烟、电制茶等）、果蔬冷库储存、乡村学校电供暖电厨炊等	1. 供电所电能替代“打包交易”累计项目数量完成3个及以上得满分，其他供电所得分=电能替代“打包交易”累计项目数量/3×20分。 2. 供电所电能替代“打包交易”累计完成电量30万kW·h及以上得满分，其他供电所得分=电能替代“打包交易”累计完成电量/30万kW·h×30分	营销业务应用系统

续表

序号	一级指标	一级分值	二级指标	二级分值	指标定义和计算方法	指标得分计算方法	数据来源
3	经营管理	350	公用变压器台区线损率	120	公用变压器台区线损率＝月度台区损失电量/月度台区供电量×100％ 统计周期：月 考核范围：在运公用变压器台区，不包括农排台区	1. 月度完成值不大于省公司下达的考核值且大于零，得满分。 2. 月度完成值大于考核值，比考核值每高出0.1个百分点分，扣5分。 3. 每出现一个负损台区（线损率小于0），扣（2×100/所管辖在运行公变台区数）分。 4. 每出现一个高损台区（线损率大于10％），扣（2×100/所管辖在运行公变台区数）分。 5. 本指标最多扣120分	电能采集系统
4			中压线路线损率	120	中压线路线损率＝10(6)kV线路损失电量/10(6)kV电压线路总供电量×100％ 统计周期：月 考核范围：PMS2.0中在运公用线路	1. 月度完成值小于或等于省公司下达的考核值且大于零，得满分。 2. 月度完成值大于考核值，比考核值每高出0.1个百分点，扣5分。 3. 每出现一条负损线路（线损率小于0），扣（10×5/所管辖在运行中压线路数）分。 4. 每出现一条高损线路［线损率大于（理论线损值＋3个百分点）］，扣（10×5/所管辖在运行中压线路数）分。 5. 本指标最多扣120分	电能采集系统
5			电费回收率	40	当月电费回收率＝统计期内，∑各月（1－当年累计未达账电费金额/当月应收电费金额）×100％/统计期止月份 注：1～11月目标值为99.95％，12月底目标值100％；按月统计，统计时点为次月6日24时，1月、9月统计时点为次月10日24时。当年累计未达账电费金额指截至统计时点系统显示的欠费及在途电费资金	1. 1～11月未完成电费回收月度目标（99.95％）的，每低0.01个百分点扣2分。 2. 12月31日未完成电费回收全年目标（100％）的，扣40分。 3. 本指标最多扣40分	营销业务应用系统

续表

序号	一级指标	一级分值	二级指标	二级分值	指标定义和计算方法	指标得分计算方法	数据来源
6	供电服务	200	万户投诉率	40	万户投诉率＝统计期内发生的属实性投诉次数/(辖区用电客户总数/10000) 查实投诉及重复投诉，分主要责任与次要责任 统计周期：月 考核范围：属实性投诉。抽取隔月数据，例如9月发布的数据，考核2月份投诉	1. 查实投诉。 供电所承担主要责任的，每万户发生一次扣20分；供电所承担次要责任的，每万户发生一次扣5分。 2. 查实重复投诉：每万户发生一次扣20分。 3. 本指标最多扣40分	供电服务指挥平台营销业务应用系统
7			低压业扩服务时限达标率	40	低压业扩服务时限达标率＝(低压新装增容时限达标数/低压新装增容归档数)×60%＋(变更用电时限达标数/变更用电归档数)×40% 考核范围：已归档的业扩新装增容、变更用电、分布式电源等类型工单	1. 排名第一的供电所该项指标得满分，其他供电所得分＝供电所低压业扩服务时限达标率/排名第一的供电所低压业扩服务时限达标率×40分。 2. 当月业扩报装、变更用电数量为0时，该项指标得0分	营销业务应用系统
8			百户抢修工单率	120	百户抢修工单率＝合并受理的95598故障工单数/(客户总数/100)×100% 统计周期：月 考核范围：全口径故障类型	排名第一的供电所该项指标得满分，其他供电所得分＝(1－供电所百户抢修工单率)/(1－排名第一的供电所百户抢修工单率)×120分	供电服务指挥平台营销业务应用系统
9	基础保障	450	三合一移动终端应用率	30	三合一移动终端应用率指标从以下两个方面进行考核： 1. 三合一移动作业终端线上线下协同应用率＝通过移动作业终端开展的有效工单数/营销系统处理工单数×100%	1. 三合一移动作业终端线上线下协同应用率：排名第一的供电所该项指标得20分，其他供电所得分＝供电所三合一移动作业终端线上线下协同应用率/排名第一的供电所三合一移动作业终端线上线下协同应用率×20分。	台区经理现场供电服务微应用

续表

序号	一级指标	一级分值	二级指标	二级分值	指标定义和计算方法	指标得分计算方法	数据来源
9	基础保障	450	三合一移动终端应用率	30	移动作业终端有效工单数：指通过营销移动作业终端处理的已归档业务工单数。 营销系统处理工单数：指营销业务应用系统中处理的包含现场工作环节的所有已归档业务工单数。 2. 三合一移动作业终端隐患缺陷登记条数：巡视发现的隐患缺陷并通过终端登记，其他日常现场工作中发现的隐患缺陷并通过终端登记。 统计周期：月	2. 三合一移动作业终端隐患缺陷登记条数：通过三合一作业终端每登记一处隐患缺陷加 2 分，该项指标最多得 10 分。 3. 三合一移动终端应用率得分＝三合一移动作业终端线上线下协同应用率得分＋三合一移动作业终端隐患缺陷登记条数得分。 注：2019 年 8 月份开始考核	台区经理现场供电服务微应用
10			低压客户智能缴费覆盖率	40	低压客户智能交费覆盖率＝0.4×低压非居民客户智能交费户数/低压非居民客户总数×100%＋0.6×低压居民客户智能交费户数/低压居民客户总数×100% 统计周期：月 考核范围：低压非居民、低压居民（排除代扣、农排、集团户、井井通、共享电源）	排名第一的供电所该项指标得满分，其他供电所得分＝供电所低压客户智能交费覆盖率/排名第一的供电所低压客户智能交费覆盖率×40 分	费控系统
11			费控自动执行成功率	100	费控自动执行成功率＝自动执行成功次数/应自动执行工单总数×100% 统计周期：月（日数据求平均） 考核范围：低压单相表	费控自动执行成功率完成 100%，得满分。每降低 0.1 个百分点扣 5 分，扣完为止	电能采集系统
12			营配贯通数据对应率	20	营配贯通数据对应率＝20%×变压器－户对应率＋30%×线变关系对应率	指标完成值不小于 99%的供电所得满分，其他供电所指标得分＝供电所营配贯通数据对应率/99%×20 分	营销业务应用系统 PMS2.0

续表

序号	一级指标	一级分值	二级指标	二级分值	指标定义和计算方法	指标得分计算方法	数据来源
12	基础保障	450	营配贯通数据对应率	20	其中：1. 变压器—户对应率＝∑已建立“配电变压器—低压客户接入点—表箱—表计”关系的低压表计数/∑营销业务应用系统中在运低压表计数量×100% 2. 线变关系对应率＝∑“线路—变压器—台区”关系一致的变压器/∑营销业务应用系统中所有配电变压器数量×100% 公用变压器、低压客户接入点数据以PMS2.0（电网GIS平台）数据为准；低压表箱、表计数据以营销业务应用系统数据为准。 统计周期：月	指标完成值不小于99%的供电所得满分，其他供电所指标得分＝供电所营配贯通数据对应率/99%×20分	营销业务应用系统 PMS2.0
13			过载台区占比	50	过载台区占比＝过载台区数/公变总数×100% 统计周期：月（日数据求平均） 考核范围：在运公用变压器台区	排名第一的供电所该项指标得满分，其他供电所得分＝(1－供电所过载台区占比)/(1－排名第一的供电所过载台区占比)×50分	PMS2.0
14			用电信息采集系统集中器离线率	50	电采集中器离线率＝∑集中器终端离线分钟数/∑集中器终端数×每天分钟数（24×60)×100% 统计周期：月（日数据求平均） 考核范围：排除农排	排名第一的供电所该项指标得满分，其他供电所得分＝(1－供电所电采集中器离线率)/(1－排名第一的供电所电采集中器离线率)×50分	电能采集系统
15			百台公用变压器关口表故障更换次数	20	百台公用变压器关口表故障更换次数＝统计期内发生公用变压器关口表故障更换次数/(辖区公用变压器关口表总数/100) 统计周期：月 考核范围：在运公用变压器台区	1. 未发生公用变压器关口表故障更换的供电所该项指标得满分。 2. 发生公用变压器关口表故障更换的供电所扣（5×供电所百台公变关口表故障更换次数）分。 3. 本指标最多扣20分	营销业务应用系统

续表

序号	一级指标	一级分值	二级指标	二级分值	指标定义和计算方法	指标得分计算方法	数据来源
16	基础保障	450	用电信息采集成功率	100	日采集成功率＝(采集成功电能表数量＋自动采集失败且停电电能表数量)/应采集电能表数量×100%。 统计周期：月（日数据求平均） 考核范围：1. 应采电能表数量：安装完成2天以上的电能表，并且已实现采集（在采集系统中档案完整、非销户、计量点状态是设立或在用且抄通过一次），排除农业排灌。 2. 自动采集失败且停电：已实现采集的电能表自动采集失败且采集系统中电表停电标识设置为“是”	用电信息采集成功率完成100%，得满分。每降低0.1个百分点扣2分，扣完为止	电能采集系统
17			计量资产管理规范率	40	计量资产管理规范率＝智能周转柜应用率×0.5＋拆回表回收率×0.5 智能周转柜应用率＝供电所使用计量周转柜执行出入库业务的电能表数量/供电所出入库总电能表数量×100%（排除批量业扩新增和批量改造） 拆回表回收率＝计划内返库数/应返数×100%（应返数：统计期内，在营销系统中完成拆回流程归档的数量。计划内返库：指应返拆回表已返回分拣中心，返库时间可不在统计期内） 统计周期：月 考核范围：3个月前拆除的电能表（例如：9月份发布的数据，考核5月份之前拆除的表计）	排名第一的供电所该项指标得满分，其他供电所得分＝供电所计量资产管理规范率/排名第一的供电所计量资产管理规范率×40分	电能采集系统

注 1. 发生安全事故，每重伤一人扣30分，发生人员死亡扣100分。

2. 发生各种损害公司利益以电谋私行为（本人窃电、内外勾结窃电；出现“黑户”“黑台区”“黑线路”，临时用电不装表计量，电量不录入营销系统；高价电低价结算、一户多表（居民），私自篡改变压器铭牌；不按标准向客户收费，自立收费项目违规收取装表接电、业扩报装、农网改造、故障抢修等费用），每件扣50分。发生人员被司法机关查处，每件扣100分。

3. 举报限报，每件扣50分。

附录 D　2019 年中低压线损综合治理小指标竞赛评分标准

序号	考核指标	分值	计算方法
1	中压线损率	300	中压线损率得分：达到目标值得满分，每高于目标值 0.01 个百分点，减该指标分值的 0.2%，扣完为至，中压线损率低于 0 得 0 分［注：中压线损率＝(10kV 电压等级供电量－10kV 电压等级用电量)/10kV 电压等级供电量×100%］
2	台区线损优良率	300	台区线损优良率＝月度线损优良台区数/在运行公用变压器台区数×100%。注：线损优良台区是指台区线损率在 0～“理论线损值＋3%”（含 0 和“理论线损值＋3%”）之间或供电量用电量均小于台区容量的在运行台区。台区线损优良率得分：达到月度目标值得满分。每低 0.01 个百分点，减该指标分值的 0.01%，最高减 20%
3	台区日线损准确计算率	200	台区日线损准确计算率＝线损准确计算台区数/在运行公用变压器台区数×100%。注：线损准确计算台区是指台区采集档案完整率和采集数据完整率均达到 100%的台区。台区日准确计算率得分：达到月度目标值得满分。每低 0.01 个百分点，减该指标分值的 0.01%，最高减 20%
4	台区线损率	200	台区线损率＝台区月度损失电量/台区月度供电量×100%。台区线损率得分＝台区线损率初始得分－负损电量占比扣分。 台区线损率初始得分：达到月度目标值得满分，台区线损率低于 0 得 0 分。每高于月度考核目标值 0.01 个百分点，减该指标分值的 0.1%，最高减 20%。负损电量占比扣分：负损电量占比＝|负损台区损失电量|/本单位供电量×100%，负损电量占比每 0.01 个百分点减 0.05%，最高减 20%
5	中低压线损率	200	中低压线损率得分：达到目标值（5%）得满分，每高于目标值 0.01 个百分点，减该指标分值的 0.2%，中低压线损率低于 0 得 0 分。注：中低压线损率＝(10kV 及以下电压等级供电量－10kV 及以下电压等级用电量)/10kV 及以下电压等级供电量×100%
6	供电关口电量可用率	200	供电关口电量可用率得分：达到 100%得满分，每低 0.01 个百分点，减该指标分值的 0.3%，扣完为至。注：供电关口电量可用率＝月电量可用的 10kV 公线供电关口数量/10kV 公线总数量，其中：

续表

序号	考核指标		分值	计算方法
6	供电关口电量可用率		200	（1）月电量可用的10kV公线供电关口数量＝指10kV公线档案完整、线路供电关口电能表上下表底完整且月电量正常（不飞走、不倒走）的供电关口数量。 （2）10kV公线总数量＝投运日期在5个工作日及以上的在运10kV公用线路数量。 （3）未覆盖线路白名单不在线路数量分母内，未覆盖线路白名单需满足以下条件：以在挖掘系统上报的线路白名单为准，同时必须上报附件（必须有营销和运检盖章附件），以每月1日系统中白名单信息为准； （4）以采集系统中供电关口电能表的停电标识为准，此关口对应的线路纳入供电关口电量可用率分子
7	线损异常工单完成率	线损异常台区工单完成率	200	线损异常工单完成率＝线损异常台区工单完成率×50%＋线损异常线路工单完成率×50%
		线损异常线路工单完成率		
8	中压线路线损合格率		100	中压线路线损合格率得分：达到月度目标值得满分，每低0.01个百分点，减该指标分值的的0.01%，目标值：一季度30%，二季度50%，三季度70%，四季度80%。注：中压线路线损合格率＝线损合格的10kV公线数量/10kV公线总数量×100%。 （1）10kV公线总数量指线路投运日期在5个工作日及以上的在运10kV公用线路数量。 （2）联络互供线路在中压线损模块中打包后，按一条线路进行统计。 （3）线路合格指线路线损率在－1%至线路理论线损率＋1.5%(包含－1%和线路理论线损率＋1.5%)。 （4）打包线路理论线损率＝∑(每条线路供电量×线路理论线损值)/∑每条线路供电量。 （5）线路线损可算且月度供、用电量均小于5000kW·h的线路，系统自动纳入线路合格白名单
9	台区档案准确率		100	台区档案准确率＝台区档案正确率×50%＋户变关系准确率×50%。 台区档案正确率＝档案正确的台区数/全部在运公变台区数×100%；档案正确的台区指在运台区中，除去无考核表台区数和有考核表未实现采集等异常台区的台区数，加上农排。 户变关系准确率＝采集点一台区对应率×50%＋低压变户一致率×50%。其中，采集点-台区对应率＝采集点-台区对应正确的台区数/在运行公变台区数×100%。低压变户一致是通过“用户-计量点-台区-变压器”关系找到的变压器与通过“用户-计量点”、“计量点-电能表”、“电能表-计量箱”关联到生产侧“计量箱-接入点”、“接入点-变压器”关系找到的变压器的PMS_ID、名称、电压等级、容量和运行状态一致的低压运行表计数

续表

序号	考核指标	分值	计算方法
10	专公变月电量可用率	100	专公变月电量可用率＝月电量可用的专公用变压器数量/专公用变压器总数量×100%； 其中：月电量可用指计量点电能表上下表底完整、电量不飞走和倒走、电量不超满载电量的 1.2 倍、专用变压器电量不出现只有反向电量无正向电量；电量飞走指电能表当月电量大于电能表额定电压×电表最大电流×电能表相数×24；满载电量＝用电变压器运行容量×24×当月天数
11	反窃电成效	100	反窃电成效＝每百万户窃电查处户数×30%＋反窃电追补电量比例×70%。 每百万户窃电查处户数＝营销业务应用系统反窃电查处户数/本单位总户数×100 万。反窃电追补电量比例＝营销业务应用系统反窃电追补电量/10kV 以下电压等级供电量×100%。违约用电、窃电流程进行过电费发行的用户方为有效用户数。营销业务应用系统：用电检查管理≫违约用电、窃电管理≫功能≫现场调查取证，可在此处查违窃电工单。用电检查管理≫公共查询≫功能≫公共查询≫违约用电窃电信息查询，可在此查询工单处理信息。每百万户窃电查处户数、反窃电追补电量比例均按照排名，第 1 名满分 100，每降低 1 名扣除 1.5 分，依次类推，两者按权重相加即为总得分
扣分项			月度不可计算台区占比和营销补全电量占比作为扣分项。月度不可计算台区占比＝月度不可计算台区数/在运行公变台区数×100%，月度不可计算台区占比每超过 0.5%扣 5 分。营销补全电量占比＝营销补全电量/总用电量×100%，营销补全电量占比每超过 1%扣 2 分

附录 E　中低压线损管理责任制奖惩细则

序号	奖惩事项	奖惩细则	责任人
1	中压线路线损	(1) 线路线损率达“理论线损值+1%”，每条线路每月奖励 10 元，每降低 0.01 个百分点，每月每条线路增加奖金的 2%，最多增加 200%。 (2) 线路线损率高于“理论线损值+1.5%”，每条线路每月罚 20 元，每高 0.01 个百分点，每月每条线路增加罚款的 1%。 (3) 线路线损率低于−1%的，每条线路每月罚 50 元	市公司层面（未实施网格化）：由高压用电服务班负责。 市公司层面（已实施网格化）：由供电服务部用电服务班负责。 郊区及县公司层面： (1) 用电服务班负责城区范围内线路的线路线损。 (2) 供电所负责所辖范围内线路的线路线损
2	供电关口采集覆盖	(1) 线路投运 5 个工作日内实现供电关口采集覆盖的，每个供电关口一次性奖励 100 元。 (2) 无法按期完成供电关口采集覆盖的，每个供电关口罚 500 元	市公司层面（未实施网格化）：由装表接电班负责。 市公司层面（已实施网格化）：由计量现场作业班负责。 郊区及县公司层面：由计量班负责
3	供电关口采集成功	(1) 月初零点数据采集成功且数据准确完整的，日均采集成功率不低于 97%，每个供电关口每月奖励 5 元。 (2) 供电关口月初零点数据采集失败，数据错误、日均采集成功率低于 97%的，每个供电关口每月罚 50 元。 (3) 人为篡改综合倍率或接线方式等导致供电关口计量错误的，每发现一起每个供电关口罚 500 元，一个工作日内整改完成，每超出一个工作日，加罚 100 元；造成经济损失的，依照《国家电网公司员工奖惩规定》追究相关责任人责任	市公司层面（未实施网格化），由采集运维班负责。市公司层面（已实施网格化），由计量现场作业班负责。 郊区及县公司层面，由计量班负责

续表

序号	奖惩事项	奖惩细则	责任人
4	专、公用变压器用户采集覆盖	（1）专、公用变压器建档完成5个工作日内实现采集覆盖的，每个奖励20元。 （2）无法按期完成专、公用变压器采集覆盖的，每个公用变压器罚100元	市公司层面（未实施网格化），由装表接电班负责。 市公司层面（已实施网格化），由供电服务部用电服务班负责。 郊区及县公司层面，由计量班负责
5	专、公用变压器用户采集成功	（1）月初零点数据采集成功且数据准确完整的，日均采集成功率不低于95%，每个专、公用变压器每月奖励0.5元。 （2）专、公用变压器月初零点数据采集失败、数据错误、日均采集成功率低于95%的，每个专、公用变压器每月罚50元	市公司层面（未实施网格化），由采集运维班负责。 市公司层面（已实施网格化），由供电服务部用电服务班负责。 郊区及县公司层面，由计量班负责
6	档案问题	（1）新增供电关口与线路对应关系与现场不一致的，每发现一起，扣责任人1000元。 （2）新增专用变压器用户与线路挂接关系与现场不一致的，每发现一起，扣责任人500元。 （3）发现公用变压器与线路挂接关系与现场不一致的，每条线路每月罚50元	市公司层面（未实施网格化），由装表接电班负责供电关口与线路对应关系，由运检部门负责线路与公变挂接关系。 市公司层面（已实施网格化），由供电服务部用电服务班负责线路与公变挂接关系，供电服务部用电服务班负责公用变压器台区关口及专用变压器采集，其他由计量现场作业班负责。 郊区及县公司层面，由计量班负责，由供电所负责辖区内线路—公变挂接关系

附录F　台区线损管理责任制奖惩细则

指标名称	目标	责任主体	奖惩细则
台区线损率	0～“理论线损值+1%”（含“理论线损值+1”，不含0）	（1）市供电公司低压用电服务班、营业班。 （2）县供电公司低压用电服务班、营业班。 （3）供电所配电营业班	台区线损率按目标值进行考核。农业排灌等季节性用电台区、月供电量小于台区容量等特殊台区暂不考核。 （1）对线损率达到计划值，采集档案完整率和采集数据完整率均达到100%且户变关系准确的台区，每个台区奖励20元。 （2）对线损率超过计划值的台区，采集未覆盖和采集失败用户补全当月营销系统中发行电量后，线损率合格的台区不奖励、不惩罚。 （3）对线损率超过计划值的台区，采集未覆盖和采集失败用户补全当月营销系统中发行电量后，线损率不合格的台区进行处罚。每个台区罚款20元。 （4）针对连续3个月以上月度综合线损率高于理论线损20个百分点的台区，建议台区责任人调离原岗位

附录G　供电服务“零容忍”考核适用事项及经济处罚对照表

序号	适用事项	主要责任人	次要责任人	责任班组负责人	责任部门分管负责人	责任部门负责人	责任单位分管负责人	责任单位主要负责人
1	自立收费项目和未按标准向客户收费，违规收取装表接电、业扩报装、农网改造、故障抢修等费用	3000	2000	2000	1000	1000	1000	0
2	本人窃电或内外勾结窃电	3000	2000	2000	1000	1000	1000	0
3	无故拒绝受理业扩报装申请	3000	2000	2000	1000	1000	1000	0
4	私自调节电量；截留电费	3000	2000	2000	2000	2000	1000	1000
5	对客户自行无故停电	3000	2000	2000	2000	2000	1000	1000
6	投诉举报回复造假，刻意隐瞒违规行为	3000	2000	2000	2000	2000	1000	1000

附录H　供电服务“零容忍”考核适用事项及组织处理对照表

序号	适用事项	主要责任人	次要责任人	责任班组负责人	责任部门分管负责人	责任部门负责人	责任单位分管负责人	责任单位主要负责人
1	自立收费项目和未按标准向客户收费，违规收取装表接电、业扩报装、农网改造、故障抢修等费用	通报批评，待岗一年，符合条件的予以解聘或退回	通报批评，调整岗位或待岗，取消年度评先晋升资格	通报批评，调整岗位，取消班组年度评先资格	通报批评，调整岗位，取消部门年度评先资格	通报批评，取消部门年度评先资格	通报批评	—
2	本人窃电或内外勾结窃电	通报批评，待岗一年，符合条件的予以解聘或退回	通报批评，调整岗位或待岗，取消年度评先晋升资格	通报批评，调整岗位，取消班组年度评先资格	通报批评，调整岗位，取消部门年度评先资格	通报批评，取消部门年度评先资格	通报批评	—
3	无故拒绝受理业扩报装申请	通报批评，待岗一年，符合条件的予以解聘或退回	通报批评，调整岗位或待岗，取消年度评先晋升资格	通报批评，调整岗位，取消班组年度评先资格	通报批评，调整岗位，取消部门年度评先资格	通报批评，取消部门年度评先资格	通报批评	—
4	私自调节电量；截留电费	通报批评，待岗一年，符合条件的予以解聘或退回	通报批评，调整岗位或待岗，取消年度评先晋升资格	通报批评，调整岗位，取消班组年度评先资格	通报批评，调整岗位，取消部门年度评先资格	通报批评，取消部门年度评先资格	通报批评	通报批评
5	对客户自行无故停电	通报批评，待岗一年，符合条件的予以解聘或退回	通报批评，调整岗位或待岗，取消年度评先晋升资格	通报批评，调整岗位，取消班组年度评先资格	通报批评，调整岗位，取消部门年度评先资格	通报批评，取消部门年度评先资格	通报批评	通报批评
6	投诉举报回复造假，刻意隐瞒违规行为	通报批评，待岗一年，符合条件的予以解聘或退回	通报批评，调整岗位或待岗，取消年度评先晋升资格	通报批评，调整岗位，取消班组年度评先资格	通报批评，调整岗位，取消部门年度评先资格	通报批评，取消部门年度评先资格	通报批评	通报批评